Wilhelm Bernhardt

Hauptfakta aus der Geschichte der deutschen Litteratur

Wilhelm Bernhardt

Hauptfakta aus der Geschichte der deutschen Litteratur

ISBN/EAN: 9783743687653

Hergestellt in Europa, USA, Kanada, Australien, Japan

Cover: Foto ©ninafisch / pixelio.de

Weitere Bücher finden Sie auf **www.hansebooks.com**

Hauptfakta

aus der

Geschichte der deutschen Litteratur

A Short History

OF THE

POETICAL LITERATURE OF GERMANY

FROM THE OLDEST TIMES TO THE PRESENT

WITH

NOTES INDICATING FURTHER LINES OF RESEARCH

For School and Home

BY

Dr. WILHELM BERNHARDT

BOSTON, U. S. A.
CARL SCHOENHOF, 144 TREMONT STREET
NEW YORK: F. W. CHRISTERN
CHICAGO: KOELLING & KLAPPENBACH
1892

Press of Carl H. Heintzemann, Boston, Mass.

PREFACE.

CONSIDERING the fact that the study of the German language has rapidly advanced in this country during recent years, it is surprising to see how little has been done in the way of publishing books which might give to the student a general view of the literature of the German people.

I myself felt this want keenly when, several years ago, I had to prepare a course in that literature for my advanced classes of the Washington D. C. High School. I found that there was in fact not one book in the market, which would answer our expectations. Those examined, were either too voluminous and contained much which was of no use whatever to my pupils, or, if short and condensed, they presented nothing but a catalogue of names of authors and titles of books calculated, by its very dryness, to create a distaste for the subject.—

What I needed was a short History of German Literature, which would yet present the subject matter in an attractive form and would show how the literary productions of each period were only the exponents of the social and intellectual life of their respective times and also, what factors have helped to give the poetical literature of the Fatherland its peculiar character among the grand literatures of the world. In that ideal compendium I wished also to find hints as to the mutual relations between the German and the English-American literatures, since I had frequently experienced that by drawing such parallels the interest of the students was easily aroused and kept alive.

The attempt to find such a guide-book having proved a failure, I was compelled to prepare for myself these outlines of German literature and to put the same by dictation into the hands of my pupils, making here and there such additions as were found to be of interest and value to the classes.

Such is the history, scope and purpose of the present volume, at the end of which I have also added Notes indicating further lines of research. Reference has there been made to several of the larger German and English histories of German literature, one or another of which will certainly be found in almost any school-library or in the personal possession of teachers or students.

For practical reasons the book has been interleaved, thus affording an opportunity to make further additions to the text and the Notes, to copy one or another favorite poem, or to illustrate the text by mounting photographs or pictures of writers, so frequently found in the periodicals and in the advertising circulars of the great publishing houses.

WILHELM BERNHARDT.

WASHINGTON, D. C., June, 1892.

Einleitung.

Deutschland ist heute das Land der Musik und des Gesanges. Kein anderes Land auf der Erde hat so viele und so große Musiker und Komponisten[1] wie Deutschland. Aber schon die alten Deutschen, die vor 2000 Jahren lebten, fanden große Freude am Gesang. So erzählt uns der römische Historiker Cornelius Tacitus, welcher im ersten Jahrhundert nach Christus ein Buch mit dem Titel „Germania" verfaßt hat, in dem er eine hochinteressante Beschreibung des Landes und Lebens der alten Deutschen giebt. Er sagt: „Die Deutschen singen Lieder zu Ehren ihrer Götter und Helden; vor allen verherrlichen sie den Gott Tuisko,[2] ihren Stammvater, und seinen Sohn Mannus, dann aber auch Armin (= Hermann), welcher einer ihrer größten Helden war."

<small>Tacitus.</small>

Auch der römische Kaiser Julianus (von den Christen „Apostata" genannt, weil er erst ein Christ war, später aber die christliche Religion aufgab und wieder zum Heidentum zurücktrat) hörte die Deutschen singen, als er im Jahre 355 mit einem römischen Heere am Rhein stand; er fand ihren Gesang rauh und unmelodisch und verglich denselben mit dem Geschrei der Raben.

<small>Kaiser Julianus.</small>

Zur Zeit des Kaisers Julianus lebte unter den Westgoten, welche im fernen Osten des Landes, an der unteren Donau wohnten und welche Christen waren, ein frommer und gelehrter Bischof mit Namen Ulfilas[3] (= „Wolf"). Dieser Mann wünschte seinem Volke eine Bibel in ihrer eigenen Sprache zu geben, und darum übersetzte er das ganze alte und neue Testament in das Gotische, welches der älteste Dialekt der deutschen Sprache ist, und aus dem sich das Neuhochdeutsche, wie wir es heute sprechen, ungefähr so entwickelt hat wie das moderne Englisch aus dem Angelsächsischen. Das Gotische war eine formenreiche und melodische Sprache; charakteristisch für diesen Dialekt waren die langen Endsilben, welche im Neuhochdeutschen kurz sind, wie die folgenden Beispiele aus dem gotischen „Vater-unser"[4] beweisen können:

<small>Ulfilas.</small>

unsār (unſer); namō (Name); quimāi (komme); vairthāi (werde); airthāi (Erbe); dagā (Tage).

Eine ſo reiche Sprache, wie die gotiſche war, hat gewiß auch eine bedeutende Litteratur gehabt, aber mit dem Volke der Weſtgoten, die in der großen Völkerwanderung des vierten und fünften Jahrhunderts untergegangen ſind, iſt auch ihre Litteratur, mit einziger Ausnahme dieſer Bibelüberſetzung, untergegangen. Bis um das Jahr 900 war die gotiſche Bibel des Ulfilas bekannt, dann aber verſchwand ſie ſpurlos, und 600 Jahre lang wußte man nichts von ihrer Exiſtenz, bis man im 16. Jahrhundert Fragmente derſelben in einer Kloſterbibliothek entdeckte. 177 Blätter dieſes köſtlichen Manuſkripts ſind noch erhalten und befinden ſich jetzt auf der Univerſitäts=Bibliothek zu Upſala in Schweden. Das Buch iſt bekannt unter dem Namen „Codex argenteus" (= ſilbernes Manuſkript), weil die Buchſtaben mit Silber auf purpurgefärbtes Pergament geſchrieben ſind.⁵

Codex argenteus.

Mit dieſer Bibelüberſetzung des Biſchofs Ulfilas beginnt die Geſchichte der deutſchen Litteratur, welche bis auf unſere Zeit herabreicht, und welche man gewöhnlich in ſieben Perioden einteilt:

Die erſte Periode (350—1150). Der Charakter dieſer Periode iſt der Kampf zwiſchen heidniſchen und chriſtlichen Elementen in der deutſchen Litteratur, d. h. in den poetiſchen Produktionen jener Zeit finden ſich noch heidniſche und chriſtliche Ideen gemiſcht. Manche Lieder ſingen noch von Wuotan, Thor und Freya, den alten deutſchen Göttern aus der Heidenzeit, während andere von Chriſtus und ſeinen Apoſteln ſowie von den Heiligen der chriſtlichen Kirche handeln.

Die Sprache iſt **althochdeutſch**⁶ (ahd.); die Dichter ſind meiſtens **Prieſter** und **Mönche**; die Heimſtätten der Poeſie ſind die **Klöſter**.

Die zweite Periode (1150—1300) iſt zugleich die erſte klaſſiſche Periode in der deutſchen Litteratur. — Die Deutſchen ſind nun alle Chriſten und auch das politiſch mächtigſte Volk Europas. Der Charakter der Poeſie jener Zeit beſteht in einer Vermiſchung von chriſtlichen und deutſch=nationalen Ideen. Die größten deutſchen Dichter des Mittelalters leben während jener Periode.

Die Sprache iſt **mittelhochdeutſch**⁷ (mhd.); die Dichter ſind meiſtens **Ritter**; die Heimſtätten der Poeſie ſind die **Burgen** der Ritter und die **Höfe** der Fürſten.

Die dritte Periode (1300—1500). Die Dichtkunſt ſinkt von ihrer Höhe herab; die Ritter verwildern und geben das Dichten auf. Die Macht der Städte und der Reichtum und Einfluß der Bürger wachſen.

Die Sprache iſt **mittelhochdeutſch** (mhd.); die Dichter ſind

Meistersänger, d. h. Bürger und Handwerker; die Heimstätten der Poesie sind die Städte.

Die vierte Periode (1500—1625). In der Kirche beginnt die Reformation. Der kirchliche Streit giebt auch der Litteratur ihren bestimmten Charakter, denn in dem litterarischen Kampfe zwischen Protestantismus und Katholicismus kommen die satirische und die didaktische Dichtung sowie das deutsche Kirchenlied zu ihrer größten Blüte.

Die Sprache ist **neuhochdeutsch** (nhd.); die bedeutendsten Autoren sind **protestantische Geistliche**; die Heimstätten der Poesie sind die deutschen **Universitäten**.

Die fünfte Periode (1625—1750). Der schreckliche dreißigjährige Krieg 1618—1648 hat Deutschland furchtbar geschwächt. Frankreich ist in politischer und litterarischer Beziehung die erste Macht Europas und übt auch auf das Leben, die Politik und Litteratur der Deutschen den allergrößten Einfluß aus. Charakteristisch ist für diese Zeit die „Sprachmischung", d. h. die deutsche Sprache ist nicht mehr rein und unverfälscht, sondern vermischt mit französischen Wörtern und Phrasen.

Die sechste Periode (1750—1832) ist zugleich die zweite klassische Periode in der deutschen Litteratur. — Die Dichter jener Zeit machen sich selbst und die Sprache frei von französischem Einfluß. Die bedeutendsten litterarischen Männer Deutschlands leben während jener Periode, die mit Goethes Tod im Jahre 1832 endet.

Die siebente Periode (1832—) ist die Zeit, in der wir leben. Dieselbe beginnt mit Goethes Tode und ist noch nicht beendet. Man nennt diese Periode oft die nachklassische oder moderne Periode.

Die erste Periode der deutschen Litteratur.
(350—1150).

Im Anfange jener Periode wohnten im Norden Deutschlands an der Küste der Nordsee die Friesen. Diese waren reich an Balladen, in welchen die Königstochter Gudrun sowie die Königssöhne Hettel und Herwig die Hauptgestalten waren. — Am Rhein wohnten in jener

Heldengedicht. Zeit im Norden die Franken und südlich von diesen die Burgunder; diese sangen Lieder von dem starken Königs= sohn Siegfried und seiner schönen Gemahlin Kriemhilde. — Die Deutschen im Osten des Landes an der Donau feierten in ihren Gesängen den Hun= nenkönig Attila, während im Süden des Landes am Fuße der Alpen der Ostgotenkönig Theodorich von Verona (Dietrich von Bern) verherrlicht wurde.

Die älteste Form der Poesie war also bei den Deutschen (wie auch bei den Griechen und Römern) das Heldengedicht (= Epos).

Aber schon im fünften und sechsten Jahrhundert hatten die Deutschen neben dem Heldengedicht auch die Tierfabel oder das Tierepos, d. h. ein episches Gedicht, in welchem, anstatt der Menschen, Tiere handeln und sprechen.

> Die Deutschen haben zu allen Zeiten ein lebhaftes Interesse für die Natur und besonders für die Tiere gehabt, und ihr kindlich=humoristischer Sinn hat jedem Tiere seinen eigenen Namen und individuellen Charakter gegeben: Der Löwe („Nobel") ist der König der Tiere; der Bär heißt
> *Tierfabel.* „Braun", der Wolf „Isegrim", der Hase „Lampe", der Dachs „Grimbart", der Esel „Baldwin", der Affe „Martin", der Hahn „Henning", die Henne „Kratzefuß", das Hünd= chen „Wackerlos" und der Kater „Hinze." — Das schlaueste und böseste von allen Tieren ist der Fuchs („Reineke"), welcher den Hauptcharakter der Tier= fabel bildet, und nach welchem darum auch das ganze Gedicht den Namen „Reineke Fuchs" erhalten hat.

Diese ältesten Lieder wurden nicht niedergeschrieben, sondern erbten sich mündlich von einer Generation auf die andere fort.

Erst Karl der Große (768—814), welcher der erste Kaiser von Deutschland und ein ganz deutscher Mann war, ließ die alten deutschen Balladen sammeln und niederschreiben, um dieselben für

Balladensammlung. alle Zeiten aufzubewahren. Doch schon sein Sohn und Nachfolger Ludwig der Fromme interessierte sich viel mehr für die Litteratur der Römer und that nichts für die Erhaltung der alten Nationalgesänge der Deutschen.

Aus jener Liedersammlung Karls des Großen sind uns nur Bruchstücke des Hilbebrandsliedes[10] erhalten, welches schon im 6. Jahrhundert in Deutschland gesungen wurde:

Das Hildebrandslied. Der alte Hildebrand ist lange Jahre außer Landes am Hofe des Ostgotenkönigs Theodorich in der Lombardei und beim Hunnenkönig Attila in Ungarn gewesen. Als er endlich nach 30 Jahren wieder in seine Heimat zurückkehrt, stellt sich ihm an der Grenze des Landes sein Sohn Hadubrand entgegen, und versagt ihm den Eintritt in das Land, da er seinen Vater nicht kennt und den Unbekannten für einen Hunnen hält. Er fordert den alten Helden zum Zweikampf heraus; Hildebrand nimmt die Forderung nicht an, da er in dem jungen Krieger seinen eigenen Sohn erkennt. Der junge Hadubrand aber greift zur Lanze, und der Kampf zwischen beiden beginnt. Wir wissen nicht, wie der Streit zwischen Vater und Sohn endet, da die zweite Hälfte des Gedichts verloren ist.

Aus der Zeit zwischen 830—870 stammen zwei deutsche Dichtungen, welche beide das Leben Jesu behandeln. Das erste ist der Heliand[11] (nhd. Heiland), auch die Evangelienharmonie genannt, eine meisterhafte Dichtung für die soeben zum Christentum bekehrten Sachsen in altsächsischem Dialekt geschrieben:

Der Heliand. In durchaus populärer Weise und ganz im Sinne und Charakter der Deutschen jener Zeit wird das Leben Jesu nach den vier Evangelien erzählt. Um die christliche Religion dem Verständnis der Sachsen näher zu bringen, tragen die handelnden Personen und die Scenerie nicht einen orientalischen, sondern einen durchaus deutschen Charakter; so erscheint z. B. Jesus selbst nicht als orientalischer Prophet mit seinen zwölf Aposteln, sondern als sächsischer Herzog, umgeben von seinen zwölf Paladinen.

Das zweite Gedicht aus jener Zeit, welches das Leben Jesu besingt, ist der Krist[12] (nhd. Christus), von dem gelehrten Mönch Otfried von Weißenburg im Elsaß gedichtet. Obgleich nicht so poetisch und nicht **Der Krist.** so populär wie der „Heliand" ist der „Krist" doch von großem Interesse für uns, da es das erste deutsche Gedicht ist, dessen Dichter wir beim Namen kennen, sowie auch darum, daß es das erste deutsche Gedicht ist, in dem sich die Verse am Ende reimen.

Aus dem Jahre 881 stammt das Ludwigslied,[13] **Das Ludwigslied.** gedichtet zu Ehren des Königs Ludwig III. nach seinem Sieg über die räuberischen Normannen.

In der Zeit von 900—1100 ist fast gar nichts in deutscher Sprache gedichtet worden; lateinisch war die Sprache der gelehrten Dichter jener Zeit.

Erſt um das Jahr 1100 beginnt ein neues friſches Leben für die deutſche Dichtung. So haben wir aus dem Jahre 1120 ein drittes Leben Jeſu in deutſchen Verſen, gedichtet von Frau Ava,[14] einer öſtreichiſchen Einſiedlerin. Dieſe Frau iſt die erſte deutſche Dichterin, von welcher die Geſchichte berichtet.

Frau Ava.

Die zweite Periode der deutſchen Litteratur.
(1150—1300).

Dieſe Periode iſt zugleich die erſte klaſſiſche Periode. Während nämlich die anderen großen Kulturvölker je nur e i n e klaſſiſche Periode in ihrer Litteratur beſitzen (z. B. die G r i e c h e n zur Zeit des Perikles (479—429 v. Chr.), die R ö m e r zur Zeit der Geburt Chriſti unter Kaiſer Auguſtus, die E n g l ä n d e r unter der Königin Eliſabeth (1558—1603), die F r a n = z o ſ e n unter König Ludwig XIV. (1643—1715), — hat die Litteratur der Deutſchen zwei ſolche Blüteperioden, die erſte im Mittelalter (1150—1300), die zweite in der Neuzeit (1750—1832).

Die Gründe[15] für das ſchnelle Aufblühen der deutſchen Dichtung im zwölften und dreizehnten Jahrhundert lagen

1) in dem Einfluſſe, den die K r e u z z ü g e (1096—1270) auf die Gemüter und die geiſtige Bildung der Deutſchen hatten. Dieſe ſahen im Orient neue Völker und Länder mit anderen Sprachen, Sitten und Gewohnheiten, eine neue Tier= und Pflanzen= welt; ſie hörten die Märchen der orientaliſchen Völker und brachten eine endloſe Maſſe neuer Ideen aus dem Morgenlande in die Heimat zurück.

Die Kreuzzüge.

2) in dem Einfluſſe, den die F r a n z o ſ e n in jener Zeit auf die Litte= ratur der Deutſchen ausübten. In Frankreich ſtand damals die Dichtkunſt in großer Blüte, hunderte von Dichtern und Sängern („Troubadours") lebten dort, und als dann während der Kreuzzüge die Deutſchen mit den Franzoſen zuſammenkamen und lange Zeit mit dieſen zuſammenlebten, da wurden ſie mit den ſchönſten franzöſiſchen Dichtungen bekannt, fanden Gefallen an dem Inhalt derſelben und nahmen franzöſiſche Balladenſtoffe in ihre eigene Poeſie auf.

Die Troubadours.

3) in dem Einfluſſe, den in Deutſchland die h o h e n ſ t a u f i ſ c h e n K a i ſ e r (1138—1254) von welchen Friedrich I., Barbaroſſa, der be= rühmteſte iſt auf die Entwicklung der deutſchen Dichtkunſt hatten. Dieſe ſechs Kaiſer aus dem Hauſe Hohenſtaufen waren edle, ritterliche Män=

Die hohenſtaufiſchen Kaiſer.

ner, voll Gefühl für alles Schöne, und ganz besonders waren sie Freunde der Dichtkunst und Beschützer der Dichter und Sänger.

So kam es, daß in jener Zeit ganz Deutschland sang und dichtete, nicht nur die höheren und gebildeteren Klassen, wie die Ritter an den Höfen der Fürsten und Kaiser, nein auch die unteren Klassen des Volkes waren enthusiastische Bewunderer der Poesie. Darum ist eine so große Menge poetischer Produktionen aus jener Zeit auf uns gekommen, die wir in zwei Klassen gruppieren, nämlich in a) **Volksdichtung** und b) **höfische Dichtung**.

Diese zwei Dichtungsarten unterscheiden sich deutlich von einander nach Form, Sprache und Inhalt.

Volksdichtung. Die **Volksdichtung** hat ein einfaches, kunstloses Metrum, eine leicht verständliche Sprache und nimmt ihre Stoffe meistens aus den Sagen und Traditionen der vaterländischen Heldengeschichte.

Höfische Dichtung. Die **höfische Dichtung** andererseits hat einen kunstvollen Versbau, eine gewählte und abgerundete Sprache und nimmt ihre Stoffe meistens aus den Sagen der Heldengeschichte fremder Nationen.

Die Volksdichtung.

Trotz aller Kunst und Feinheit der höfischen Dichter hat die Volkspoesie jener Zeit doch eine größere Blüte erreicht und die schönsten poetischen Produktionen des Mittelalters hervorgebracht. Die beiden größten epischen Gedichte der Volkspoesie jener Periode sind: Das **Nibelungen-Lied** und das **Gudrun-Lied** (oder kurz „Die Gudrun"). Man nennt oft das Nibelungen-Lied „**die deutsche Iliade**" und die Gudrun „**die deutsche Odyssee.**" Warum sagt man so? Die Griechen haben nämlich auch zwei große nationale Epen, die Iliade und die Odyssee, von welchen die erstere dem Nibelungen-Lied und die zweite der Gudrun ähnlich ist.

Der Charakter der Iliade und des Nibelungen-Liedes ist tragisch.[16] Wir hören immer nur von Krieg und Schlachten, von Morden und Blutvergießen, und am Ende finden tausende ihren Tod (in der Iliade die Trojaner und im Nibelungen-Lied die Burgunder).

Der Charakter der Odyssee und der Gudrun ist idyllisch und frisch. Wir hören von dem Leben auf dem Meere, an den Küsten der See und auf den Inseln, und das Ende ist freudig (in der Odyssee findet Ulysses sein treues Weib Penelope wieder und in der Gudrun findet am Schluß eine dreifache Hochzeit statt). —

Das **Nibelungen-Lied**[17] (1210) enthält die alten Balladen, welche die Franken und Burgunder am Rhein schon seit dem fünften und sechsten Jahrhundert von dem starken Siegfried und dessen schöner Gemahlin Kriemhilde gesungen hatten; aber auch viele der alten Gesänge, in denen der König Attila gefeiert wurde, sind in das Nibelungen-Lied aufgenommen. Alle diese einzelnen Lieder sind um das Jahr 1210 von einem unbekannten Dichter zu einem einzigen großen Epos vereinigt, welches nun den Namen „das Nibelungen-Lied" trägt:

    Siegfried, ein Franke vom Unter-Rhein, hat schon in seiner Jugend Alberich, den König der Zwerge, die im Norden im Nebellande wohnen und darum N i b e l u n g e n genannt werden, besiegt und ihm seinen großen goldenen Schatz (den „Nibelungenhort") sowie die unsichtbar machende Tarnkappe abgenommen. Später kommt er nach Worms, der Hauptstadt der Burgunder, heiratet Kriemhilde, die Schwester des Königs Gunter, welcher die starke Brunhilde von Island zum Weibe hat. Die letztere glaubt sich von Kriemhilde beleidigt und gewinnt den grimmen Hagen, einen Vasallen des Königs Gunter, welcher den unschuldigen Siegfried auf einer Jagd im Walde ermordet. — Kriemhildens Schmerz um den verlorenen Gemahl ist unbeschreiblich. Sie bleibt nach Siegfrieds Tod in Worms, um eine Gelegenheit zu finden, den Tod ihres Mannes an Hagen rächen zu können. Sie thut viel Gutes unter den Armen des Landes und macht sich mit dem Nibelungengold, welches ihr Siegfried hinterlassen hat, so viele Freunde,

Das Nibelungenlied.   daß Hagen Gefahr darin sieht für sich selbst und das Königshaus. Darum raubt er ihr das Gold und versenkt es in den Rhein (das „Rheingold"). 13 Jahre nach Siegfrieds Tod heiratet Kriemhilde den König Attila von Ungarn, nicht aus Liebe, sondern allein in der Hoffnung, mit seiner Hilfe endlich Rache an Hagen, an ihrem Bruder Gunter und dessen Weib Brunhilde, (die von Hagens Plan, Siegfried zu morden, gewußt hatten,) nehmen zu können. 13 Jahre nach ihrer Heirat mit Attila sendet sie Boten nach Worms zu den Burgundern mit der Einladung, sie in Ungarn zu besuchen. Hagen fürchtet das Schlimmste von einer solchen Reise und warnt den König Gunter, doch da dieser und die anderen Fürsten und Vasallen der Einladung folgen wollen, so geht auch Hagen mit ihnen nach Ungarn, wo alle ihren Tod durch die Hunnen finden, Hagen von Kriemhildens eigener Hand mit Siegfrieds Schwert; aber auch Kriemhilde wird getötet und zwar vom alten Hildebrand. So endet das ganze Geschlecht der Burgunder. —

    Die **Gudrun**[18] (1250), „die deutsche Odyssee", ist das zweite große Volksepos der Deutschen aus jener Periode. Es enthält die Sagen und Balladen, welche schon seit Jahrhunderten an der Küste der Nordsee von den Friesen, Dänen und Normannen gesungen und um das Jahr 1250 von einem wandernden östreichischen Dichter, dessen Namen unbekannt geblieben ist, zu einem einzigen großen Epos vereinigt wurden.

    Das Gudrun-Lied besingt das Leben und die Abenteuer von drei Generationen:

Die zweite Periode der deutschen Litteratur.

(Die erste Generation). König Siegeband von Irland hat einen Sohn mit Namen Hagen, welcher schon in früher Jugend von einem Adler geraubt und auf eine ferne Insel im Meere getragen wird. Dort befindet sich auch Hilde, eine Königstochter aus Indien. Beide wachsen zusammen auf. Hagen heiratet später Hilde und kehrt mit ihr nach Irland zurück, wo er König wird.

(Die zweite Generation). Hagen und Hilde haben eine Tochter, die nach ihrer Mutter Hilde genannt ist, und um deren Hand Hettel, der König der Hegelinge in Friesland wirbt. Dieser sendet drei seiner edelsten Ritter nach Irland zu König Hagen; einer von diesen ist Horand, welcher so schön singt, daß er das Herz der Prinzessin rührt und sie als Frau für seinen Herrn, den König Hettel, gewinnt.

(Die dritte Generation). Hettel und Hilde haben zwei Kinder, einen Sohn mit Namen Ortwin, und eine Tochter, Gudrun, die mit Herwig, dem Prinzen von Seeland, verlobt ist. Während der König Hettel im Kriege und von Hause abwesend ist, landen eines Tages die Normannen unter ihrem Fürsten Hartmut an der Küste von Friesland, rauben Gudrun und führen dieselbe mit sich nach der Normandie. Sobald König Hettel von dem Überfall hört, folgt er den Räubern mit einem Heere, wird aber mit den meisten seiner tapfern Ritter in der Schlacht auf dem Wulpensand[19] besiegt und getötet. — In der Normandie muß nun die arme Gudrun von der bösen Königin Gerlinde, Hartmuts Mutter, die größten Mißhandlungen erleiden, weil sie ihrem Geliebten Herwig treu bleibt und sich standhaft weigert, Hart-

Die Gudrun. muts Weib zu werden. 13 Jahre lang muß sie als Magd die niedrigsten Dienste im Hause verrichten. Endlich ist die Zeit gekommen, wo die Söhne der Ritter, welche auf dem Wulpensand gefallen waren, so weit herangewachsen sind, daß sie das Schwert führen können. Auf schnellen Schiffen segeln Ortwin und Herwig nach der Normandie; allen voraus nähern sich diese beiden in einem kleinen Boote an einem kalten Märztage der normannischen Küste und finden dort Gudrun barfuß im tiefen Schnee am Wasser stehen, um die Wäsche der Königin Gerlinde zu waschen und zu trocknen. Gudrun erkennt ihren Bruder und ihren Geliebten und möchte am liebsten sogleich mit beiden aus dem Lande gehen. Ortwin aber will seine Schwester nicht stehlen, sondern in einem ehrlichen Kampf zurückerobern. Darum läßt er Gudrun noch einmal nach dem Palaste der Königin zurückkehren. Am nächsten Morgen erfolgt eine Schlacht, in der die Friesen gewinnen. Die Burg der Normannen wird mit Sturm genommen. Da, als die Königin Gerlinde alles verloren sieht, bietet sie viel Gold dem, der Gudrun töten würde. Aber Hartmut ist edelmütiger als seine Mutter und schützt Gudruns Leben. Die siegreichen Friesen dringen herein; Gerlinde wird getötet. Hartmut versöhnt sich mit Ortwin, beide werden Freunde, und am Ende findet eine dreifache Hochzeit statt,

 Ortwin heiratet Hartmuts Schwester, die immer so freundlich mit Gudrun gewesen war,

 Hartmut heiratet Hildeburg, eine Freundin Gudruns, und

 Herwig bekommt nun endlich seine Gudrun.

Die höfische (oder Kunst-) Dichtung.

Die Ritter an den Höfen der Fürsten und Kaiser sind meistens die Dichter der Gesänge, welche der höfischen oder Kunst=Poesie[20] angehören. Form und Sprache derselben sind vollendet; der Stoff ist meistens der ausländischen Heldengeschichte entnommen.

Mit besonderer Vorliebe behandeln die höfischen Dichter dieser Zeit die Sage vom heiligen Gral:[21]

Der heilige Gral. Der Gral ist die goldene Schale, aus welcher — wie die Legende erzählt — Christus während des letzten Abendmahls mit seinen zwölf Jüngern das Brot brach. Joseph von Arimathia,[22] in dessen Besitz der Gral gekommen war, fing darin das Blut auf, das aus der Wunde unseres Herrn floß, als der römische Soldat Longinus mit der Lanze in seine Seite stieß. Später fand diese köstliche Schale ihren Weg aus dem Orient nach Europa; sie wurde in einem herrlichen Tempel aufbewahrt und von dem Orden der Grals=Ritter (oder „Templeisen") bewacht, von denen Titurel, Parzival und dessen Sohn Lohengrin, der Schwanenritter, die bekanntesten sind. —

Eine andere Sage, die oft in der höfischen Poesie dieser Zeit besungen wurde, ist die englische Sage vom König Artus und seiner Tafelrunde:[23]

König Artus und die Tafelrunde. Artus war der letzte britische König von Wales. Er kämpfte für seinen Thron und für seine christliche Religion gegen die heidnischen Angelsachsen, die im Jahre 449 vom nördlichen Deutschland nach Britannien gekommen waren. Er war von vielen edlen Rittern umgeben, da sein Hof der Mittelpunkt des reinsten ritterlichen Lebens war. Die zwölf edelsten von allen Rittern aber saßen mit dem König und der Königin um einen runden Tisch und bildeten die „Tafelrunde", deren vornehmste Ritter Parzival, Tristan, Iwein, Erek und Lanzelot waren. —

Ein anderer Lieblingsstoff für die höfischen Dichter war das Leben des Königs Alexander von Macedonien.[24]

Alexander der Große. Der trojanische Krieg.

Auch der trojanische Krieg[25] ist von den Kunstdichtern dieser Periode zum Thema genommen worden. —

Die beiden größten höfischen Dichter dieser Periode waren Wolfram von Eschenbach[26] und Gottfried von Straßburg.[27]

Wolfram von Eschenbach ist der Dichter des epischen Gedichtes „Parzival",[28] in welchem er die Abenteuer dieses Ritters besingt:

Parzival, der Sohn des Königs Gamuret von Anjou und der Prinzessin Herzeleide, hatte in seiner Jugend ein weltliches Leben geführt, war aber später ein guter Christ, Ritter der Tafelrunde und sogar König des heiligen Grals geworden. Dieses Epos ist ein tiefsinniges, religiös=psychologisches Gedicht, in welchem die innere, moralische Entwicklung des Menschen gezeigt wird, ähnlich wie in drama=

tischer Form in Goethes „Faust": Parzival ist das Symbol eines Menschen, welcher Gott sucht, dabei aber den rechten Weg verliert und ein sündhaftes Leben führt, bis er endlich an sich selbst, an der Welt und an Gott verzweifelt; dann aber erwacht die Reue in ihm, er bemeistert seinen Trotz und seinen Hochmut, lernt an Gott glauben und ihm vertrauen und findet so das himmlische Königtum. —

Gottfried von Straßburg hat das große Kunstepos „T r i s t a n u n d I s o l d e"²⁹ gedichtet, welches auch der Sage vom König *Tristan und Isolde.* Artus angehört und die Liebe des Gralsritters Tristan zu Isolde besingt.

Der Minnegesang.

Zugleich mit der epischen stand auch die lyrische Kunstpoesie dieser Periode in hoher Blüte. Man gebraucht meistens den Namen „Minnegesang"³⁰ für die lyrischen Dichtungen dieser Zeit und nennt darum auch diese lyrischen Dichter die „Minnesänger" und einen einzelnen Gesang derselben ein „Minnelied". — Das alte Wort „Minne" bedeutet „Liebe"; Minnegesang ist also ein L i e b e s gesang oder L i e b e s lied, und ein Minnesänger ist ein Dichter von L i e b e s liedern. Aber nicht die Liebe allein bildet den Inhalt des Minnegesangs, nein, auch die Schönheit der Natur, die Freuden des Frühlings und die Lust des Sommers, die Blumen auf den Wiesen und der Gesang der Vögel, besonders der „Frau" Nachtigall, sind die charakteristischen Elemente dieser lyrischen Dichtungen. Ebenso wurden von den Minnesängern religiöse Lieder zu Ehren der Jungfrau Maria, der Mutter des Herrn, sowie patriotische Lieder zum Ruhme Deutschlands und der Kaiser, der deutschen Mädchen und Frauen, und gegen das weltliche Treiben der Priester und Päpste jener Zeit gedichtet.

Die Minnelieder wurden unter Begleitung eines musikalischen Instrumentes wie der Harfe oder L y r a (daher die Ausdrücke „L y r i k" und „l y r i s c h") gesungen.

Der größte von allen Minnesängern ist **Walther von der Vogelweide**³¹. Dieser wurde um das Jahr 1170 in den Alpen, wahrscheinlich auf dem Schlosse Vogelweidhof in Tirol, geboren. Er war arm, verließ das Vaterhaus schon in früher Jugend und lernte, wie er selbst sagt, in Östreich „singen und sagen", d. h. dichten. Von seinem zwanzigsten Lebensjahre an führte er ein rastloses Wanderleben; er zog von Stadt zu Stadt und von Land zu Land und lebte bald in Thüringen, bald in Sachsen und bald in Östreich. Er war der Liebling der hohenstaufischen Kaiser Heinrich VI., Philipp von Schwaben und Friedrich II. Dieser letztere schenkte ihm ein

Walther von der Vogelweide. Haus und Land in Würzburg, wo der Dichter die letzten Jahre seines Lebens still und zufrieden zubrachte. Er starb im Jahre 1230 und wurde in einem Gewölbe unter der Münsterkirche in Würzburg begraben; erst vor wenigen Jahren, im Mai 1883, hat man beim Umbau jener Kirche das Grab Walthers von der Vogelweide mit dem Sarkophag, der seine Gebeine enthält, wieder aufgefunden. Der Dichter liebte vor allem die Vögel und hinterließ sein Vermögen dem Bischof von Würzburg unter der Bedingung, daß auf seinem Grabsteine jeden Mittag die Vögel gefüttert werden sollten[32]. —

Die Blüte des Minnegesangs war nur von kurzer Dauer, denn schon mit dem Tode Walthers von der Vogelweide beginnt der Verfall der lyrischen Dichtung dieser Periode.

Die dritte Periode der deutschen Litteratur.
(1300—1500.)

Mit dem Tode des letzten Kaisers aus dem glorreichen Hause Hohenstaufen (1254) kam auch das Ende der Blütezeit der deutschen Litteratur im Mittelalter. Alle späteren Kaiser, deren Reihe mit Rudolf von Habsburg beginnt, hatten weder Verständnis noch Interesse für die Poesie. Auch die traurige politische Lage Deutschlands war für die Dichtung ungünstig. Unfrieden und Unsicherheit für Leib und Leben herrschten überall im Lande[33]. Die beiden vornehmsten Klassen der Bevölkerung, der Adel und die Priester, welche in den früheren Jahrhunderten die Repräsentanten einer höheren Kultur gewesen waren, verwilderten in Roheit und Unwissenheit. Anstatt den schönen Künsten auf ihren Burgen eine Heimat zu bereiten, lagen die Ritter an den Wegen und Landstraßen im Hinterhalt und plünderten und mordeten die mit Wagen und Waren vorüberziehenden Kaufleute. Es war die „Zeit des Faustrechts" oder wie Schiller sagt „die kaiserlose, die schreckliche Zeit." Auch die Mönche und Priester gaben das Studium der Klassiker sowie die Kultur der Künste und Wissenschaften auf und führten in den Klöstern ein weltliches Leben. Gleichzeitig durchzogen furchtbare Epidemieen, wie die Pestilenz, die Cholera und der schwarze Tod, das Land und rafften viele tausend Einwohner hinweg. Bei einer solchen politischen und sozialen Demoralisation konnte natürlich die Dichtkunst nicht blühen; dieselbe sank schnell von ihrer Höhe herab, und selbst die Sprache verlor

Allgemeine Demoralisation.

ihre grammatische und stilistische Reinheit und Korrektheit. Die Poesie würde damals gar keine Heimstätte in Deutschland gefunden haben, wenn nicht zum Glück in jener Zeit die deutschen Städte an Reichtum und politischer Macht gewonnen hätten. Handel und Industrie blühten in den Städten, besonders am Rhein und an der Donau. Mit dem Reichtum derselben wuchs auch das Interesse der Bürger für die Künste: die **Architektur** erreichte ihren Höhepunkt und feierte ihre größten Triumphe in dem Bau der herrlichsten, gotischen Kirchen und Kathedralen. Aber auch die **Poesie** fand eine Heimat in den Städten. Die Bürger kultivierten dieselbe in ihrer Weise; sie bildeten Singgesellschaften, welche abends oder an Sonn- und Feiertagen zusammenkamen und in Gegenwart ihrer Freunde ihre Gedichte lasen oder sangen. Zum Unglück hielten sie die Dichtkunst nicht für ein angebornes Talent und eine Gabe des Himmels, sondern

Der Meistergesang. glaubten, daß jeder das Dichten lernen könne, wie man ein Handwerk lernt. Sie studierten die Regeln der Poetik, schrieben ein der äußern Form nach fehlerfreies Gedicht, und waren dann Meister im Gesang oder „**Meistersänger**".[34] Die Form der Gedichte war für sie die Hauptsache, während der Inhalt arm an Gedanken und ohne Wärme und Wahrheit des Gefühls war. Der Meistergesang blühte in jener Zeit besonders in den großen deutschen Städten Mainz, Straßburg, Nürnberg und Frankfurt am Main. Der bedeutendste von allen Meistersängern war **Hans Sachs**[35] (1494—1576), der Schuhmacher und Dichter von Nürnberg. Er hatte in seiner Jugend die lateinische Schule

Hans Sachs. besucht und später auf seinen Wanderungen viel gesehen und gelernt. Er hat über 6000 Dichtungen geschrieben. Von ihm sagt ein alter Spruch:

„Hans Sachs war ein Schuhmacher und Poet dazu. —"

Bis zu jener Zeit hatte die deutsche Dichtung nur die Epik und Lyrik kultiviert; das Drama kannte man noch nicht. In dieser dritten Periode aber liegt der Anfang der dramatischen Dichtung.[36] Wie bei den Griechen und Römern, so entwickelte sich auch bei den Deutschen das Drama aus dem religiösen Kultus und in Deutschland speziell aus den Festspielen, welche zu Weihnachten und Ostern in der Kirche aufgeführt wurden und welche die ent-

Das Drama. sprechenden Episoden aus dem Leben Jesu — die Geburts- und Leidensgeschichte — darstellten. Von den alten Oster- oder Passionsspielen hat sich eins bis auf unsere Zeit erhalten, nämlich das in dem Dorfe Ober-Ammergau in den bairischen Alpen, wo noch jetzt alle zehn Jahre, (zuletzt im Sommer 1890), die Passionsgeschichte Christi dramatisch dargestellt wird. — Im Mittelalter nannte man solche religiöse Spiele „**Mysterien**".

Die Komödie. Die Komödie[37] nahm ihren Ursprung von den humoristischen Spielen, welche man in der Fastenzeit, zur Zeit des Karnevals und der Maskeraden, aufführte. —

In dieser Periode liegen auch die Anfänge des Volksliedes,[38] d. h. eines einfachen, kunstlosen Liedes, dessen Dichter man nicht beim Namen kennt, und welches in Sprache, Inhalt und Melodie ganz und gar im Sinne des Volkes gehalten ist, so daß es ungemein populär wurde und sich in kurzer Zeit über das ganze Land verbreitete und überall und vom **Das Volkslied.** ganzen Volke gesungen wurde. Auch andere Kulturvölker wie die Schotten, die Irländer und besonders die Völker im Osten Europas, die Polen, Serben und Bulgaren, besitzen herrliche Volkslieder. Nach ihrem Inhalt teilt man die Volkslieder ein in: Liebeslieder, Trinklieder, Wanderlieder, Tanzlieder, Wiegenlieder, Soldatenlieder, Vaterlandslieder u. s. w.

Die vierte Periode der deutschen Litteratur.
(1500—1625.)

Mit dem Jahre 1500 endet das Mittelalter, und eine neue Zeit beginnt mit neuen weltbewegenden Ideen in Politik und Religion, in **Neuzeit.** Kunst und Wissenschaft. Die Hauptfaktoren für diese intellektuelle Revolution lagen

1) in dem wiedererwachten Interesse für das Studium der griechischen und römischen Klassiker durch die italienischen und deutschen Humanisten.[39]

2) in der Gründung von Universitäten. (Die ersten deutschen Universitäten: Prag 1346, Wien 1365, Heidelberg 1386.)

3) in der Erfindung der Buchdruckerkunst durch den Deutschen Johannes Guttenberg (1440).

4) in der Entdeckung Amerikas durch den Genuesen Christoph Columbus (1492).

5) in der Reformation der Kirche durch Martin Luther (begonnen 1517).

Der Charakter jener Zeit war aber durch und durch praktisch und darum für die Poesie nicht sehr günstig. So erklärt es sich, daß die besten litterarischen Produktionen dieser vierten Periode in Prosa geschrieben sind, und daß von den verschiedenen Zweigen der Dichtkunst nur das Kirchenlied, sowie die satirische und die didaktische Poesie kultiviert und vervollkommnet wurden.

1500–1625] Die vierte Periode der deutschen Litteratur.

Martin Luther[40] (1483—1546) war der bedeutendste Mann dieser Zeit, nicht allein wegen der Reformation der Kirche, die von ihm ausging, sondern auch wegen seiner deutschen Bibelübersetzung, an welcher er von 1521—34 arbeitete. Damals sprach man in Deutschland nicht eine allgemeine Landessprache, sondern verschiedene Dialekte, von welchen der norddeutsche, der mitteldeutsche (oder sächsische) und der süddeutsche am weitesten verbreitet waren. Der norddeutsche Dialekt war zu weich und kraftlos, der süddeutsche hingegen zu rauh und hart;

Die deutsche Bibel. darum wählte Luther für seine neue deutsche Bibel eine Sprache, deren Hauptelement der mitteldeutsche oder sächsische Dialekt war, welche aber auch die besten Wörter der beiden andern Hauptdialekte enthielt. So kam es, daß zugleich mit der deutschen Bibel sich auch der sächsische Dialekt über ganz Deutschland verbreitete, und daß sich aus diesem die neuhochdeutsche (nhd.) Sprache, wie wir dieselbe heute sprechen, entwickelt hat. In gewissem Sinne ist also Luther der Schöpfer der modernen deutschen Sprache geworden.

Der Kirchengesang der katholischen Kirche war meistens lateinisch. Zugleich mit der deutschen Bibel wollte aber Luther der neuen Kirche auch deutsche Kirchenlieder geben, und darum dichteten er und

Das Kirchenlied. andere protestantische Geistliche seiner Zeit mit ihm eine große Anzahl von evangelischen Kirchenliedern. Luther ist der Dichter von 37 solcher geistlichen Lieder, von welchen das bekannteste, und in Deutschland ungemein beliebte, das Kampf- und Siegeslied der deutschen Protestanten ist, welches so beginnt:

„Ein' feste Burg ist unser Gott,"[41]
Ein' gute Wehr und Waffen;
Er hilft uns frei aus aller Not,
Die uns jetzt hat betroffen.
Der alte böse Feind,
Mit Ernst er's jetzt meint;
Groß' Macht und viel List,
Sein' grausam Rüstung ist,
Auf Erd' ist nicht sein's gleichen . . ."

Der gefeierteste Dichter von evangelischen Kirchenliedern ist **Paul Gerhardt** (1607—1676), welcher 120 meist sehr populäre geistliche Lieder gedichtet hat.

Von den zahlreichen deutschen Kirchenliedern jener Zeit sind einige in das Englische übersetzt und in das englische Kirchengesangbuch aufgenommen worden; so z. B.
von **Paul Gerhardt**:
„O Haupt voll Blut und Wunden . . ."
(O sacred head now wounded.)

"Befiehl Du Deine Wege..."
(Give to the winds thy fears.)

von Samuel Rodigast:

"Was Gott thut, das ist wohlgethan..."
(Whate'er my God ordains is right.)

von Johannes Scheffler:

"Ich will Dich lieben, meine Stärke..."
(Thee would I love, my strength, my tower.)

von Knorr von Rosenroth:

"Morgenglanz der Ewigkeit..."
(Dayspring of eternity
Dawn on us this morning tide.)

In dem erbitterten Kampfe zwischen Protestantismus und Katholicismus kam in jener Periode auch die satirische Dichtung zur Blüte; die größten Satiriker, die Deutschland je gehabt hat, lebten gerade damals, und fast alle standen auf Seite Luthers, mit einziger Ausnahme des großen Thomas Murner, welcher ein Franziskaner=Mönch in Straßburg und der erbittertste Feind der Reformation war. Von den sati=

Satire. rischen Dichtern auf Luthers Seite sind zu nennen: Ulrich von Hutten,[2] ein sehr gelehrter und enthusiastischer Mann, welcher in lateinischer und deutscher Sprache die schärfsten Episteln und Epigramme gegen die katholische Kirche schrieb; ferner Johann Fischart — der deutsche Rabelais[3] — und Sebastian Brant — der deutsche Mark Twain — dessen bekanntestes satirisches Gedicht „Das Narrenschiff" mit den "Innocents Abroad" verglichen werden kann, da in demselben die Fehler und Thorheiten der Zeitgenossen karikiert werden.

Von den verschiedenen Zweigen der didaktischen (oder Moral=) Poesie blühte damals die Fabeldichtung, und auch hierin war Luther ein Meister; er hat nicht nur eine Anzahl der Fabeln des Griechen Äsopus ins Deutsche übersetzt, sondern auch Originalfabeln gedichtet. —

Aus jener Zeit stammt auch eine allegorisch=satirische Tierfabel,

Fabel. „Der Froschmäuseler", so genannt, weil in demselben der Krieg der Frösche und der Mäuse besungen wird:

Der Froschkönig Bausback und seine Ritter halten an einem schönen Maitage auf einem moosbewachsenen Hügel an einem See im Gebirge ein Turnier ab. Da erscheint plötzlich Prinz Bröseldieb, des Mäusekönigs Sohn, mit vier seiner Trabanten, um am See zu trinken. König Bausback heißt Prinz Bröseldieb willkommen und in dem Gespräch, welches nun folgt, rühmt jeder der beiden die Großthaten seiner Familie. Darauf ladet der Froschkönig seinen Gast ein, ihn in seinem Krystallpalast auf dem Grunde des Sees zu besuchen. Der Mäuseprinz setzt sich auf den Rücken des Frosches, und dieser schwimmt nun schnell durch das Wasser. In der Mitte des Seees aber erscheint

Der Froschmäuseler. plötzlich eine Wasserschlange: der Frosch taucht unter, die Maus aber kann nicht schwimmen und muß ertrinken. Daraufhin erklären die Mäuse den Fröschen den Krieg. Am Ufer des Sees findet eine blutige Schlacht statt, in der die Mäuse anfangs siegreich sind; doch im entscheidenden Moment erscheinen die Krebse, die Bundesgenossen der Frösche, auf dem Schlachtfeld und treiben die Mäuse zurück.

„Der Froschmäuseler" ist eins der schönsten epischen Gedichte des 16. Jahrhunderts und hat zum Vorbild die uralte griechische Tierfabel "Batrachomyomachia", (batrachos = Frosch, mys = Maus, machia = Krieg), als deren Dichter von einigen Kritikern Homer genannt wird.

Charakteristisch für diese Periode der deutschen Litteratur sind auch die sogenannten **Volksbücher,** d. h. humoristische Erzählungen in volkstümlicher Sprache, in welchen Abenteuer, Witze und Anekdoten von wohlbekannten Persönlichkeiten jener Zeit in Prosa berichtet werden. Zu diesen Volksbüchern gehört das Buch von den Schildbürgern, d. h. von den Bürgern der Stadt „Schilda" an der Elbe in Sachsen, welche damals für die dümmsten Leute und größten Narren in Deutschland galten; bekannt ist, daß die alten Griechen dasselbe von den Abderiten d. h. den Einwohnern der Stadt „Abbera" in Thracien sagten, sowie die Engländer von den weisen Leuten von „Gotham"; ähnliches galt zu Christi Zeit in **Volksbücher.** Palästina von den Einwohnern von „Nazareth."⁴⁵ — Andere Volksbücher sind: Das Buch von Till Eulenspiegel, einem höchst originellen Spaßvogel seiner Zeit; das Buch vom ewigen Juden (Ahasverus), welcher — wie die Legende erzählt — unsern Herrn auf seinem Wege von Jerusalem nach Golgatha schlug und ihm zurief, er solle schneller gehen, und welcher darum seit jenem Tage zur Strafe durch die ganze Welt wandern muß, ohne je sterben oder irgendwo Ruhe und Rast finden zu können; das Buch vom Dr. Faust, dem Magiker, welcher einen Kontrakt mit dem Teufel machte, und dessen Geschichte später in großartigster Weise von Goethe dramatisiert worden ist:

Satan erscheint und verspricht, dem Dr. Faust vierundzwanzig Jahre in allem zu dienen, was er nur wünsche, unter der Bedingung, daß dieser ihm seine Seele verschreiben solle. Nun beginnt eine lustige Zeit: die beiden reisen durch Europa, Asien und Afrika; Gold und Silber und alles, was Faust wünscht, ist im Überfluß vorhanden; die herrlichsten Bankette werden gegeben; Gärten blühen und tragen Früchte für ihn mitten im Winter. Er bringt die schöne Helena aus dem Hades zurück und führt noch viele andere beinahe unglaubliche Dinge aus. Da naht das Ende der vierundzwanzig Jahre. Ein furchtbares Gewitter bricht um Mitternacht aus, und am nächsten Morgen findet man in seinem Studierzimmer nur einzelne verstümmelte Überreste von Fausts Körper. Sein Famulus Wagner endete auf ähnliche Weise.

Die fünfte Periode der deutschen Litteratur.
(1625—1750.)

Die Erbitterung zwischen den beiden religiösen Parteien in Deutschland — den Katholiken und Protestanten — war immer größer geworden und hatte endlich zu dem 30jährigen Krieg (1618—1648) geführt, an welchem sich fast alle Nationen Europas beteiligten, und in welchem das arme Deutschland der Tummelplatz und das Schlachtfeld für alle Armeen Europas war. Keine Periode in der politischen und sozialen Geschichte Deutschlands ist trüber und trauriger, als die Periode des 30jährigen Krieges: Das Land verwüstet, tausende von Städten und Dörfern ausgestorben, niedergebrannt oder ganz von der Erde verschwunden, das Volk verarmt und verwildert, überall Roheit und Sittenlosigkeit, die Soldaten die Herren des Tages; kein Wunder, daß unter solchen Verhältnissen Künste und Wissenschaften vergessen waren.

Der 30jährige Krieg.

Diese allgemeine Demoralisation hatte natürlich einen verderblichen Einfluß auf die Litteratur, ja selbst auf die Sprache, welche allmählich alle die Reinheit und Korrektheit, die ihr Luther gegeben hatte, wieder verlor. Diese Zeit der Erniedrigung Deutschlands war für Frankreich „das goldene Zeitalter" in politischer und litterarischer Beziehung. Dort lebten damals bedeutende Dichter wie Fenelon, Pascal, Lafontaine und die Dramatiker Racine, Molière und Corneille; die Hauptstadt des Landes, Paris, und der Palast des prachtliebenden Königs Louis XIV. waren das Centrum des Glanzes und der Intelligenz Europas. Was man in Paris that, das ahmte die ganze civilisierte Welt nach: französische Sprache und Pariser Mode wurden tonangebend durch ganz Europa. So kam es, daß auch die Elite der Deutschen, die Fürsten und der Adel, ja selbst die Gelehrten, die Professoren an den Universitäten, sich ihrer alten, guten, deutschen Sprache schämten und nur noch französisch schrieben und sprachen. Die unteren Klassen des Volkes, die nicht französisch sprechen konnten, nahmen französische Brocken, einzelne Wörter und Phrasen in ihre Sprache auf, und so begann denn während jenes schrecklichen Religionskrieges „die Zeit der Sprachmischung" in Deutschland. Auch die Poesie verlor damals ihren nationalen Charakter, indem die Dichter die Werke der Franzosen nachahmten, und so schlichen sich französische Ideen und französische Frivolität in die deutsche Dichtung ein.

Französischer Einfluß.

Sprachmischung.

1625—1750] Die fünfte Periode der deutschen Litteratur.   19

Selbst Leibniz,⁴⁶ (1646—1716) einer der größten Litteraten, die je gelebt haben, der Begründer der deutschen Philosophie und Er-
Leibniz. finder der Differentialrechnung, folgte der Richtung seiner Zeit und schrieb seine Werke in lateinischer und französischer Sprache. —

Zum Glück erfolgte sehr bald eine Reaktion: In allen Teilen Deutschlands, vor allen an den Universitäten, bildeten sich sogenannte „Sprachgesellschaften"⁴⁷ oder „Orden", deren Mitglieder
Sprachgesellschaften. es sich zur Aufgabe machten, alles, was französisch war, zu bekämpfen, und die deutsche Sprache rein und unverfälscht zu schreiben und zu sprechen.

Von diesen Sprachgesellschaften sind die bekanntesten:
1) Die fruchtbringende Gesellschaft (auch „Palmenorden" genannt) in Weimar und später in Halle.
2) Die deutsch-gesinnte Gesellschaft in Hamburg.
3) Die Pegnitzschäfer („Blumenorden") in Nürnberg (an der Pegnitz.)
4) Die erste und zweite schlesische Dichterschule.
5) Der Leipziger Dichterverein unter Professor Gottsched.
6) Der Schweizer Dichterverein unter den Professoren Bodmer und Breitinger in Zürich.

Der bedeutendste Mann der schlesischen Dichterschule war **Martin Opitz**⁴⁸ (1597—1639). Obgleich selbst kein großer Dichter, hat er doch viel zur Förderung der Poesie gethan, indem er der deutschen Sprache eine künstlerische Form und der Metrik und Prosodie bestimmte Gesetze gab. Die Dichter vor Opitz fragten beim Bau der Verse nicht nach der Länge und Kürze der Silben, und so kommt es, daß alle früheren dichterischen Produktionen unrhythmisch, rauh und hart klingen. Dieser Formlosigkeit der Verse („Knittelverse"⁴⁹) machte Opitz ein Ende dadurch, daß er ein strenges rhythmisches Prinzip mit Silbenmessung je nach der Be-
Martin Opitz. tonung der Wörter im Satze aufstellte. Er sagte: „Im deutschen Verse müssen Hebung (Arsis) und Senkung (Thesis) ebenso mit einander abwechseln wie in den Versen der Griechen und Römer." Er verlangte jedoch, daß auf eine kurze Silbe nur eine lange folgen solle oder umgekehrt; mit andern Worten, er erkannte nur den iambischen (⌣ —) und den trochäischen Versfuß (— ⌣) als legitim an. Sein Lieblingsvers war der sogenannte „Alexandriner" oder 6-füßige iambische Vers, in welchem nach dem dritten Jambus ein Ruhepunkt, eine kurze Pause, (eine Cäsur) eintritt (⌣ — ⌣ — ⌣ — ‖ ⌣ — ⌣ — ⌣ —); durch Opitz wurde dieser Vers in die deutsche Dichtung eingeführt, nachdem derselbe schon von den französischen Dramatikern Racine, Molière und Corneille viel angewandt worden war. Doch wurden schon zu seiner Zeit

auch zwei dreisilbige Versfüße, nämlich der **daktylische**[50] (— ⌣ ⌣) und der **anapästische** (⌣ ⌣ —) in die deutsche Prosodie eingeführt.

Von großer Bedeutung für die weitere Entwicklung der deutschen Dichtung war der litterarische Kampf zwischen den Leipziger- und Schweizer-Dichtern. Die Leipziger, an deren Spitze Gottsched[51] stand, sagten, daß das erste und wichtigste Element für die wahre Poesie **formelle Korrektheit in Sprache und Metrum** sei, während die Schweizer,[52] deren Ideal Shakespeare war, behaupteten, „nicht die Form sondern der **Inhalt und Geist der Dichtung, die Frische und Lebendigkeit der Ideen und des Gefühls** müssen das Hauptmerkmal der wahren Dichtung sein." Die Schweizer hatten recht und gingen auch als Sieger aus diesem litterarischen Kampfe hervor. Zu den Dichtern, welche den Prinzipien der Schweizer folgten, gehören: Gellert[53] (Fabeln und geistliche Lieder); Gleim „der deutsche Anakreon" (Freundschafts-, Trink- und Kriegslieder); Haller (Hauptwerk: das beschreibende Gedicht „die Alpen") sowie der Satiriker Rabener. Obgleich diese Männer selbst keine großen Talente waren, so haben sie doch den Weg für die nun bald kommenden Dichterheroen der sechsten Periode geebnet, indem sie den Charakter der wahren Poesie feststellten und die deutsche Sprache harmonisch ausbildeten. —

Die Leipziger- und Schweizer-Dichter.

Gegen das Ende dieser fünften Periode erschien in Deutschland zuerst der Reiseroman,[54] hervorgerufen durch den Roman „Robinson Crusoe" des Engländers Daniel Defoe (London, 1719). Der Eindruck, den dieses englische Buch auf die Gemüter der Deutschen, besonders der deutschen Jugend machte, war phänomenal; in kurzer Zeit erschienen in Deutschland 80 verschiedene „Robinsonaden" (Bearbeitungen des Robinson Crusoe), von welchen der von Campe im Jahre 1779 herausgegebene der beliebteste war, so daß derselbe noch jetzt fast jedes Jahr von neuem erscheint und schon 120 Auflagen erlebt hat.

Robinsonaden.

Die sechste Periode der deutschen Litteratur.
(1750—1832.)

Wir kommen nun zu der wichtigsten Epoche in der gesamten deutschen Litteratur, zu der Zeit, in welcher die größten Dichter (die „Klassiker") lebten und schrieben, und welche darum auch die **zweite klassische Periode** genannt wird. Was in litterarischer Beziehung die Zeit des Kaisers

Auguſtus für die Römer und die Ära der Königin Eliſabeth für die Eng=
länder war, das iſt für die Deutſchen die Periode von 1750—1832. Die
poetiſche Litteratur macht ſich frei von franzöſiſchem Einfluß und zeigt einen
durchaus ſelbſtändigen Charakter; die Dichter geben ihren eigenen, in=
dividuellen Gefühlen und Gedanken Ausdruck in einer freien, wahren Weiſe
und in einer vollendeten Sprachform.

Die 6 Dichterheroen dieſer Periode („die deutſchen Klaſſiker") ſind:
Klopſtock, Leſſing, Wieland, Herder, Schiller
und Goethe. Alle ſind in der erſten Hälfte des achtzehnten
Jahrhunderts geboren und zwar: Klopſtock 1724, Leſſing
1729, Wieland 1733, Herder 1744, Goethe 1749 und Schiller 1759.

Die Klaſſiker.

1) Friedrich Gottlieb **Klopſtock** (1724—1803), „der deutſche
Milton", wurde faſt 80 Jahre alt, erreichte aber den Höhepunkt ſeines
Ruhmes ſchon in ſeinem 24ſten Jahre, als er die drei erſten Geſänge ſeines
„Meſſias" beendet und veröffentlicht hatte. Der „Meſſias",[65] Klopſtocks
Meiſterwerk, iſt ein großes religiöſes Epos; es nimmt in der deutſchen
Litteratur ungefähr denſelben Rang ein, den in der engliſchen Miltons
„Verlorenes Paradies" und in der italieniſchen Litteratur Taſſos „Befreites
Jeruſalem" einnehmen. Der „Meſſias" iſt in Hexametern geſchrieben und
beſteht aus 20 Geſängen, von welchen aber die drei erſten bei weitem die
ſchönſten ſind. Klopſtock war ein reiner, edler und dabei religiöſer Cha=
rakter; ſchon in ſeiner frühen Jugend hatte Miltons großes Epos einen
tiefen Eindruck auf ihn gemacht, und wie jener britiſche Dichter den
Sündenfall der erſten Menſchen und den Verluſt des Paradieſes beſungen
hatte, ſo verherrlichte Klopſtock nun die Erlöſung der ſündigen Menſchen
und die Wiedergewinnung des Paradieſes durch des Meſſias Leiden und
Sterben:

> Das Gedicht enthält eine hochpoetiſche Darſtellung aller Epiſoden in dem
> Leben Jeſu von ſeinem Einzug in Jeruſalem bis zu ſeiner Himmelfahrt; beſon=
> ders ſchön ſind die folgenden Scenen: Das Abendmahl; die Nacht auf dem
> Ölberge; die Gefangennahme; die Kreuzigung; der Tod und die Auferſtehung
> Chriſti. — Das Thema des ganzen Epos iſt gleich in den erſten Verſen aus=
> geſprochen in den Worten:
>> Sing, unſterbliche Seele, der ſündigen Menſchen Erlöſung,
>> Die der Meſſias auf Erden in ſeiner Menſchheit vollendet! . . .

Der Meſſias.

Obgleich die Gedanken in dem Gedicht erhaben und in die
herrlichſte Dichterſprache gekleidet ſind, ſo iſt der „Meſſias" doch
nie ein populäres Gedicht geworden, und es wird heute in
Deutſchland eben ſo wenig geleſen wie Miltons „Verlorenes
Paradies" in England. Dies hat darin ſeinen Grund, daß das Epos zu arm an
Handlung iſt, aber überreich an langen Dialogen, Reflexionen und Beſchrei=
bungen, welche den Gang der Handlung ſtören und den Leſer ermüden. Die
Zahl der eingeführten Perſonen iſt ſehr groß; neben den Hauptgeſtalten, neben

Christus und seinen Aposteln, neben Pontius Pilatus und Kaiphas, erscheinen die Seelen von hunderten von Personen, von welchen das alte Testament erzählt, ganz abgesehen von der großen Zahl von Engeln und Teufeln, die ebenfalls sprechend und handelnd auftreten. Dazu kommt, daß fast alles, was in dem Gedicht geschieht, nicht auf der Erde, sondern im Himmel vor sich geht, in Sphären und unter Verhältnissen, welche dem menschlichen Verständnis und Interesse zu fern liegen.

Einige Scenen sind aus Miltons „Verlorenem Paradies" genommen, so z. B. die Beschreibung der Hölle; das Concil der Teufel; die Vision des jüngsten Gerichts.

Seine **Oden**[56] hat Klopstock nach dem Muster und in den komplicierten Versmaßen der lateinischen Lyriker gedichtet, weshalb er auch „der deutsche Horatius" genannt wird. Auch diese enthalten die herrlichsten Gedanken und bringen die tiefsten Gefühle in klassischer Sprache und Form zum Ausdruck. In denselben feiert der Dichter die **Freundschaft**

Oden. („Wingolf"; „Die frühen Gräber"), die **Liebe** („An Fanny"; „An Cidli"), die **Religion** („An Gott"; „An den Erlöser"), die **Schönheit der Natur** („Der Züricherfee") und das **Vaterland** („Die deutsche Bibel"; „Unsere Sprache").

Charakteristisch ist für Klopstocks Oden der Umstand, daß dieselben reimlos sind. —

Seine **Dramen** sind, wie der „Messias", zu arm an Handlung und zu lyrisch-sentimental. Drei von den sechs Dramen Klopstocks behandeln biblische Stoffe; dies sind „**Der Tod Adams**", „**Salomo**" und „**David**", während die drei anderen aus der ältesten mythischen

Dramen. Geschichte Deutschlands genommen sind und nationale Interessen besingen, nämlich „**Die Hermannsschlacht**", „**Hermann und die Fürsten**" und „**Hermanns Tod**." —

Klopstock hat sich große Verdienste um die deutsche Dichtung erworben:

1) er hat die Sprache bereichert, weich, biegsam und melodisch gemacht;
2) er hat das nationale Selbstgefühl der Deutschen geweckt und gestärkt und hat dem deutschen Volke eine enthusiastische Liebe zum Vaterland eingeflößt;
3) er hat das Interesse seiner Landsleute auf die älteste deutsche Geschichte gelenkt und hat versucht, die deutsche Mythologie in der Poesie an die Stelle der griechischen zu setzen.

Der religiös-patriotische Geist, welcher die gesamte Poesie Klopstocks charakterisiert, fand tausende von treuen Anhängern und Nachfolgern, nicht nur daheim, sondern auch außerhalb der Grenzen Deutschlands. Es ist be-

[1750-1832] Die sechste Periode der deutschen Litteratur.

kannt, daß die beiden englischen Dichter Wordsworth und Coleridge[57] im Herbst 1798 nach Altona bei Hamburg kamen, wo Klopstock die letzten Jahre seines Lebens zubrachte, um dem greisen Dichter persönlich ihren Dank und ihre Bewunderung auszusprechen.

Klopstocks Schule.

In Deutschland selbst aber fanden sich im Jahre 1772 eine Anzahl jüngerer Talente auf der Universität Göttingen zusammen, welche Klopstock zu ihrem Ideal und Vorbild nahmen. Diese jungen Dichter bildeten den „Göttinger Dichterbund"[58] (oder „Hainbund"); ihr Organ, in dem sie ihre Gedichte veröffentlichten, war der „Göttinger Musenalmanach." Zu diesem Bunde gehörten: Bürger, Voß, die beiden Grafen Stolberg, Matthias Claudius, Hölty und einige andere. — Bürger und Voß waren die bedeutendsten Talente unter ihnen.

Der Göttinger Dichterbund.

a) Gottfried August B ü r g e r[59] (1747—1794) „der Meister der deutschen Ballade" ist einer der größten Balladendichter aller Zeiten; er war der erste, welcher diese Dichtungsart in die deutsche Litteratur einführte, nachdem er mit Percys „Sammlung altenglischer Balladen" bekannt geworden war. Bürgers schönste Ballade ist „L e n o r e", obgleich auch andere wie „Das Lied vom braven Mann", „Der wilde Jäger", „Der Kaiser und der Abt" voll dramatischen Lebens und Feuers sind.

Bürger.

Auch seine S o n e t t e gehören zu dem schönsten, was die deutsche Litteratur in dieser Dichtungsart besitzt.

b) Johann Heinrich V o ß[60] (1751—1826) „der Meister der Idylle und des Hexameters." Von seinen Originaldichtungen sind die bekanntesten: „L u i s e", ein ländlich-idyllisches Gedicht in 3 Gesängen und „D e r siebzigste Geburtstag"; beide sind in tadellosen Hexametern geschrieben und geben — im Sinne von Goldsmiths „Landprediger von Wakefield" — ein treues Bild von dem einfachen Stillleben und von dem ruhigen Familienglück eines Dorfpredigers und eines alten Schulmeisters.

Voß.

Voß ist auch ein ausgezeichneter Übersetzer lateinischer und griechischer Klassiker. Am besten sind seine Verdeutschungen der Werke Homers (Iliade und Odyssee) im Originalmetrum. Er hat diesen beiden großen Epen beinahe den Charakter deutscher Heldengedichte gegeben, doch so, daß dieselben nichts von ihrem ursprünglichen griechischen Kolorit verlieren.

2) C h r i s t o p h M a r t i n **Wieland** (1733—1813), „d e r D i c h t e r d e r G r a z i e n", so genannt wegen der anmutigen Sprache und wegen des

leichten und fließenden Rhythmus seiner Dichtungen. — Wielands Leben[61] und litterarische Thätigkeit läßt sich leicht in drei, ihrem Charakter nach durchaus verschiedene Perioden einteilen: a) In seiner Jugend folgte er der moralisch-religiösen Richtung Klopstocks; damals schrieb er „**die moralischen Briefe**" und die „**Empfindungen eines Christen**." b) In der zweiten Periode seines Lebens bewegte er sich in den höheren, französisch-gebildeten Kreisen der deutschen Gesellschaft, unter Leuten, deren Ideal die englischen und französischen Rationalisten Shaftesbury, Rousseau und Voltaire waren, und welche an französischer Dichtung und Frivolität Gefallen fanden. Wieland fühlte sich bald heimisch in dieser Umgebung und schrieb seine damaligen dichterischen Produktionen in demselben leichtfertigen Tone. Dadurch machte er sich freilich viele persönliche und litterarische Feinde, welche seine Dichtungen aufs schärffte kritisierten. Seine heftigsten Gegner waren die Mitglieder des „Göttinger Dichterbundes", welche in ihrem Enthusiasmus für Klopstocks religiös-patriotische Poesie den leichtfertigen, französischen Charakter der Dichtungen Wielands verdammten und seine Werke verbrannten.

c) Die dritte Periode Wielands beginnt mit dem Jahre 1772, in welchem er von der Herzogin Amalie als Erzieher ihrer Söhne, der Prinzen Karl August und Konstantin, nach Weimar berufen wurde. Diese letzte Periode war eine Zeit ernsten, philosophischen Denkens und eifrigen Studierens. In der litterarisch-ästhetischen Atmosphäre Weimars, „des deutschen Athens", änderte sich sein Sinn vollständig; er schrieb den Roman „**Die Abderiten**"[62] und sein Meisterwerk, das romantische Epos „**Oberon**".[63]

Roman. In den „**Abderiten**" karifiert er das Leben und den beschränkten geistigen Horizont der Kleinstädter. —

In dem romantischen Heldengedicht „**Oberon**"—welches etwas von dem Charakter von Shakespeares „Sommernachtstraum" besitzt — besingt er die wunderbaren Abenteuer des Ritters Hüon, welche dieser mit Hilfe
Epos. des Elfenkönigs Oberon ausführt. Dieses Epos zeichnet sich durch eine phantasiereiche Darstellung, eine liebliche, melodische Sprache und einen leichten, fließenden Versbau aus. Durch den „Oberon" gelang es Wieland, die höheren Klassen der Gesellschaft, die bisher nur die französische Poesie bewundert hatten, für die deutsche Dichtung zu gewinnen. —

Auch als **Übersetzer** war Wieland thätig; er hat die Werke des Horatius und Cicero, sowie anderer lateinischer und
Übersetzungen. griechischer Dichter und Philosophen ins Deutsche übersetzt. Durch seine geschickte Verdeutschung von zwölf Dramen Shakespeares hat er seine Landsleute zuerst mit den Werken des großen Briten bekannt gemacht.

Trotz des leichtfertigen Charakters der Dichtungen aus seiner zweiten Periode hat sich Wieland doch große Verdienste um die deutsche Litteratur erworben:

1) er hat die Dichtersprache so glatt, leicht und elegant gemacht, daß selbst die französisch-gebildeten Klassen der Gesellschaft in Deutschland ihr Interesse der deutschen Dichtung zuwandten;

2) er hat dem einseitigen, religiös-patriotischen Charakter der Klopstockschen Dichtung einen weiteren, kosmopolitischen Horizont gegeben und hat besonders das weite Feld der mittelalterlichen Romantik für die deutsche Poesie eröffnet;

3) er hat Witz, Humor und feine Ironie in der deutschen Dichtung einheimisch gemacht.

---

3) **Gotthold Ephraim Lessing** (1729—1781), „**der klarste Denker und schärfste Kritiker Deutschlands**",[64] ist der Reformator der deutschen Nationallitteratur und des gesamten intellektuellen Lebens der Deutschen. — In Sachsen geboren, studierte er auf den Universitäten Leipzig und Wittenberg, führte dann ein rastloses Wanderleben, hielt sich eine Zeit lang als Journalist und Übersetzer in Berlin auf, ging als Sekretär des preußischen Generals Tauenzien während des siebenjährigen Krieges nach Breslau, war als Theaterkritiker am Nationaltheater in Hamburg thätig und wurde endlich vom Herzog von Braunschweig als Bibliothekar an die Landesbibliothek zu Wolfenbüttel berufen, wo er in einem Alter von 52 Jahren starb. — Lessing besaß ein universelles Wissen; er war von der feurigsten Liebe für alles Schöne, Gute und Wahre beseelt und frei von allem Autoritätsglauben in Religion, Künsten und Wissenschaften. Dabei zeichnen sich alle seine Schriften, die poetischen sowohl wie die prosaischen, durch einen klaren, lichtvollen Stil aus, der so ausdrucksvoll ist, daß derselbe für alle Zeiten als Sprachmodell gelten wird.

Von Lessings **kritischen** Werken sind die bedeutendsten: „**Laokoon**"[65] (oder „die Grenzen der Malerei und Dichtkunst") und „**die Hamburger Dramaturgie**".[66]

Kritische Werke. Im „Laokoon" zeigt Lessing, wie Dichter, Maler und Bildhauer das Schöne in der vollendetsten Form darstellen, wie aber der Dichter auf einem andern Wege als der Maler und Bildhauer zum Ziele gelangt, indem er **Handlungen** darstellen muß, der Maler und Bildhauer aber **Situationen**. Dieses Meisterwerk der Kritik, welches auch in stilistischer Beziehung klassisch ist, hat für alle Zeiten und für die Kritiker aller Länder und Völker die ästhetischen Prinzipien festgesetzt, nach welchen ein Kunstwerk beurteilt werden muß. —

In der „**Hamburger Dramaturgie**" kritisiert Lessing 52 der beliebtesten Dramen seiner Zeit. Mit der größten Schärfe greift er die falsche Autorität der französischen Schule in der deutschen Dichtung an, verbannt die französischen Stücke ein für allemal vom deutschen Theater und empfiehlt Shakespeare als den Dichter, welcher von allen Ausländern dem deutschen Charakter am nächsten steht. Auch Regeln über Haltung, Gestikulation und Aussprache der Schauspieler werden in der „Hamburger Dramaturgie" gegeben; — mit einem Worte, dieses Werk ist das Fundament und Lehrbuch der Dramatik in allen ihren Zweigen. —

In seinen **polemischen Schriften** hat sich Lessing besonders gegen die engherzige Dogmatik der deutschen Theologen seiner Zeit ausgesprochen:

Polemische Schriften. Sein Grundsatz ist: Die Religion muß eine Sache des Herzens und des Gefühls sein und muß die Menschen zur Humanität führen; eine Religion, welche das nicht thut, verdient nicht den Namen einer solchen. —

Lessing ist nicht allein der größte Kritiker Deutschlands, nein, er ist auch ein dichterischer Genius ersten Ranges. Vollendete Modelle der dramatischen Dichtung sind seine vier großen Dramen „**Miß Sara Sampson**",[67] „**Emilia Galotti**",[68] „**Minna von Barnhelm**" (oder „Soldatenglück")[69] und „**Nathan der Weise**".[70]

Dramen. Die beiden Tragödien „**Miß Sara Sampson**" und „**Emilia Galotti**" führen moralische Grundgedanken aus. —

Die Komödie „**Minna von Barnhelm**" bewegt sich um vaterländische Interessen und verherrlicht deutsche Charaktere. —

Lessings dramatisches Meisterwerk „**Nathan der Weise**" feiert die universelle Religion, welche von keiner Kirche und von keiner Konfession abhängig ist, sondern sich in der Religiosität des Herzens, in Menschenliebe und religiöser Toleranz manifestiert:

Zur Zeit des dritten Kreuzzuges (um das Jahr 1190) treffen in Jerusalem S a l a d i n, der muhamedanische Sultan, N a t h a n, ein reicher jüdischer Kaufmann, und ein christlicher T e m p e l h e r r zusammen. Der Sultan fragt Nathan, ob die christliche oder die jüdische oder die muhamedanische Religion die wahre und allein=seligmachende sei. Als Antwort erzählt Nathan die Geschichte von den drei Ringen, welche ein Vater bei seinem Tode seinen drei Söhnen gab. Jeder von diesen letzteren behauptete, daß s e i n Ring der echte, seit Generationen in der Familie vom Vater auf den geliebtesten Sohn vererbte Ring sei; während in Wahrheit alle drei betrogen waren, da der echte Ring verloren war und jeder der Söhne nur eine Nachbildung desselben in Händen hatte. — Die drei Ringe repräsentieren die drei großen Religionen, von deren Anhängern auch ein jeder behauptet, daß s e i n e Religion die echte und allein=seligmachende sei. —

Lessings **F a b e l n**[71] tragen den Charakter der Fabeln des Griechen Äsopus, nur sind dieselben etwas zu doktrinär und nicht kindlich=

Fabeln. naiv genug; er legt das Hauptgewicht seiner Fabeln nicht auf die Handlung, sondern auf die Moral am Ende derselben. —

[1750–1832] Die sechste Periode der deutschen Litteratur.

Lessings Verdienste um die deutsche Litteratur sind sehr groß:

1) er hat die deutsche Poesie aus den himmlischen Sphären Klopstocks und aus dem romantischen Lande Wielands wieder in die deutsche Heimat zurückgeführt;

2) er hat die Dichtung mit dem praktischen Leben verbunden;

3) er hat den deutschen Prosastil kurz, ausdrucks- und gedankenvoll gemacht;

4) er hat die Theorie der Dichtkunst für immer festgestellt;

5) er hat das Drama zu einer klassischen Vollendung gebracht;

6) er hat Humanität und religiöse Toleranz als die wahre Religion gepredigt;

7) er hat sich der Welt als einen charakterfesten Mann und furchtlosen Kämpfer für Wahrheit und Menschenrechte gezeigt und hat dadurch den kommenden Generationen ein gutes Beispiel der Nachahmung gegeben.

---

4) Johann Gottfried Herder[72] (1744—1803), ein Norddeutscher, wurde als der Sohn eines armen Schulmeisters in einem Städtchen Ostpreußens nahe der russischen Grenze geboren. Nach einem langen und harten Kampfe mit Entbehrungen aller Art fand der höchst talentvolle und wißbegierige Jüngling endlich Gönner, die es ihm möglich machten, seine theologischen und philosophischen Studien auf der Universität Königsberg zu vollenden, wo der Philosoph Immanuel Kant sowie der Theolog und Mystiker Hamann („der Magus des Nordens") großen Einfluß auf ihn ausübten. Durch den letzteren wurde der junge Herder in die Werke Shakespeares und Ossians sowie in die Litteratur des Volksliedes eingeführt. Auf einer Reise nach Frankreich schloß er im Herbst 1770 zu Straßburg Freundschaft mit dem dort studierenden, fünf Jahre jüngeren Goethe, dessen titanischen Dichtergenius er früh erkannte und durch ästhetische Ratschläge in die rechten Bahnen lenkte. Im Jahre 1776 wurde er, nachdem Goethe eine hohe staatsmännische Stellung im Herzogtum Sachsen-Weimar eingenommen hatte, als Hofprediger und Generalsuperintendent dorthin berufen, wo er dann in persönlichem Verkehr mit Wieland, Goethe und Schiller als Litterat, Theolog, Pädagog und Kanzelredner bis zu seinem Ende thätig war.

Herder war ungemein belesen und besaß ein vielseitiges Wissen. Seine litterarische Thätigkeit umfaßte die verschiedensten Gebiete, wie Theologie, Philosophie, Pädagogik, Geschichte, Ästhetik und Poesie. Obgleich er kein einziges epochemachendes Originalwerk geschaffen hat, so sind doch alle seine Schriften reich an belebenden und anregenden Ideen und tiefsinnigen Aphorismen. — Sein Einfluß auf die Litteratur seiner Zeit besteht, wie der Einfluß Lessings, in Kritik und Produktion. Beide opponierten gegen den herrschenden französischen Geschmack in der deutschen Litteratur; beide suchten die Kunst mit dem Leben zu verbinden; beide verachteten Regeln, Muster und Schulen in der Poesie und drangen auf Originalität des dichterischen Genius; beide trugen auf ihrem Panier das Motto: „Humanität und Toleranz." Aber Lessing war Kritiker, ein Mann des logischen Denkens; durch Vernunftgründe bewies er die Wahrheit seiner Theorieen und gewann so die philosophisch-denkenden Deutschen für seine Ideen, während Herder Ästhetiker war und durch sein instinktives Gefühl sowie durch seinen Enthusiasmus für das Schöne an das Herz seiner Landsleute appellierte und dieselben so für die wahre Dichtung begeisterte.

Herder und Lessing.

Herder begann seine litterarische Thätigkeit mit kritischen Schriften. Zu diesen gehören: „Fragmente zur deutschen Litteratur" (1767) und „Kritische Wälder" (1769), in welchen er im Sinne Lessings die Verbindung von Kunst und Leben fordert:

„Jede Kunst," sagt er, „ist das Resultat der Kulturhöhe eines Volkes; die Kunst muß daher das Leben des Volkes in idealer Form zum Ausdruck bringen." —

In seiner Schrift „Blätter von deutscher Art und Kunst" (1773) bezeichnet er die Naturpoesie Homers und Shakespeares sowie die alten Balladen und Volkslieder als die Produkte wahrer Poesie:

Kritische Schriften.

„Volkspoesie ist Naturpoesie, Gefühlspoesie, musikalische Lyrik und steht hoch über der Kunstpoesie, welch letztere nur das Resultat des Reflektierens ist." —

Seine Abhandlung: „Vom Geiste der hebräischen Poesie" (1783) erklärt vom Standpunkte eines liberalen Theologen aus in historisch-kritischer Weise die alttestamentliche Litteratur der Hebräer:

„Das alte Testament ist die nationale Litteratur der Hebräer und als solche enthält es, wie die Litteraturen aller andern Kulturvölker, epische, lyrische und dramatische Dichtungen. Episch sind: die 5 Bücher Mosis, das Buch Josua, das Buch der Richter und die andern historischen Bücher; lyrisch: die Psalmen und das Hohelied Salomos; didaktisch sind die Sprichwörter und der Prediger Salomos; elegisch ist Jeremias und dramatisch das Buch Hiob.

Die hebräische Nationallitteratur ist echte Volksdichtung und bleibt darum ewig-jung." —

Herders poetische Reproduktionen aus den Litteraturen anderer Völker sind mehr als bloße rhythmische Übersetzungen. Seine „Stimmen der Völker in Liedern"[13] (1778) enthalten in deutscher Form eine Sammlung von alten Volksliedern aus allen Teilen Europas, aus

Grönland und Lappland, ja selbst aus Peru und Madagas=
Poetische kar. Es ist bewundernswert, wie leicht Herder sich in den
Reproduktionen. Ideen= und Gefühlskreis der verschiedensten Nationen hinein=
lebt, und wie frei und natürlich er sich darin zu bewegen
weiß. Die bedeutendste von diesen poetischen Reproduktionen ist sein „Cid"
(1802—1803).

Im „Cid" besingt er nach alten spanischen Balladen das Leben des Na=
tionalhelden Don Rodrigo von Bivar, genannt der „Cid" (Cid el battal =
Herr der Schlacht). Der Cid lebte im 11. Jahrhundert und zeichnete sich im
Kampfe gegen die in Spanien eingedrungenen Mauren aus. Das Gedicht ist
in 4füßig=trochäischen Versen geschrieben, d. h. in demselben Metrum, welches
nach ihm Longfellow in seinem Epos "Hiawatha" angewandt hat.

Von den philosophisch=historischen Schriften Herders ist
die bekannteste seine „Ideen zur Philosophie der Geschichte der Menschheit"
(1784—91), ein Werk, welches, obgleich unvollendet, doch sehr wertvoll ist
wegen seiner tiefsinnigen Gedanken:[74]

Er betrachtet darin die Geschichte der einzelnen Völker nicht als ein Ganzes,
in sich Abgeschlossenes, sondern nur als einen Teil der Ge=
Philosophisch= schichte der Menschheit; er zeigt, wie ein leitender Gedanke
historische die Geschichte aller Völker mit einander verbindet, nämlich
Schriften. das Bestreben, sich aus primitiven Anfängen, aus Roheit,
Barbarei und Finsternis zu einer höhern Stufe der In=
telligenz und Kultur zu erheben. —

Herders Originaldichtungen nehmen keinen sehr hohen Rang in
der Litteratur ein; dieselben sind alle in einem doktrinären
Original= Tone gehalten und umfassen Allegorieen, Fabeln, Parabeln und
dichtungen. Legenden. Nur wenige sind in weiteren Kreisen bekannt, so
z. B. „Der gerettete Jüngling"[75] und „Das Kind der Sorge."

Herders Verdienste um die deutsche Litteratur
sind bedeutend:
1) er hat in tausenden den Enthusiasmus für das Schöne in der Dicht=
kunst erweckt und gestärkt;[76]
2) er hat die Volksdichtung der verschiedensten Nationen in deutschen Ver=
sen reproduziert und hat dadurch seinen Landsleuten die besten Modelle
für wahre Poesie an die Hand gegeben;
3) er hat, wie Lessing, in Opposition gegen den französischen Geschmack
seiner Zeitgenossen seinen ganzen Einfluß für eine nationale Original=
dichtung gebraucht;
4) er hat, wie Lessing, als liberaler und toleranter Mensch für Freiheit,
Recht und Wahrheit geschrieben und gesprochen.

Lessings und Herders Bemühungen, den französischen Einfluß auf die deutsche Litteratur zu brechen und eine eigene deutsche Originaldichtung zu schaffen, fand überall im Lande ein freudiges Echo. Allgemein folgte man den maßvollen Ansichten jener beiden Männer auf dem Wege zur Naturpoesie. Doch fanden sich auch jugendlich-excentrische Talente, welche die Theorieen Lessings und Herders ins Extrem trieben, alle bisher in der Poesie geltenden Gesetze und Regeln bei Seite warfen, keine Autorität anerkannten und in ihrem Enthusiasmus für „Originalität" nur ihrem eigenen „Genius" folgten. Ihr Motto war „Originalität" und „Genialität",

Sturm- und Drangperiode. was ihnen den Spottnamen „Originalgenies" oder „Kraftgenies" und ihrer Zeit (1770—1790) die Bezeichnung „Sturm-und Drangperiode"⁷⁷ eingebracht hat. Repräsentanten dieses litterarischen Anarchismus waren L e n z, ein Jugendfreund Goethes; K l i n g e r (dessen Drama „Sturm und Drang" den Namen für die ganze Periode abgegeben hat); F r i e d r i c h M ü l l e r (genannt der Maler Müller) und S c h u b a r t⁷⁸ („die Fürstengruft"). In ihren Jugendwerken folgten auch Goethe („Werthers Leiden" — „Götz von Berlichingen") und Schiller („Die Räuber") dieser excentrischen, gegen alle Autorität rebellierenden Richtung ihrer Zeit.

Die beiden bedeutendsten Dichter in der Reihe der Klassiker sind Schiller und Goethe. Die Kritiker und Kenner wahrer Poesie sagen, Goethe ist der größere Dichter, während die Masse des deutschen Volkes Schiller zu ihrem Liebling und zum ersten Dichter Deutschlands gemacht hat. — Im ganzen ist die Frage nach der Superiorität des einen oder des andern schwer zu beantworten, da die Charaktere beider so verschieden sind, daß sie kaum mit einander verglichen werden können: G o e t h e ist am größten als Lyriker — S c h i l l e r als Dramatiker; G o e t h e verbindet Natur und Kunst — S c h i l l e r Philosophie und Geschichte; G o e t h e ist Realist, d. h. seine Dichtungen sind erlebt, ihr Inhalt hat wirklich stattgefunden, vielleicht in des Dichters eigenem Leben, sie sind Gelegenheitsgedichte, „Bruchstücke einer großen Konfession", um Goethes eigene Worte

Charakteristik Goethes und Schillers. zu gebrauchen — S c h i l l e r ist Idealist, d. h. nicht die Welt, wie sie wirklich ist, nicht das reale Leben bieten ihm die Stoffe für seine Dichtungen, nein, er baut sich selbst in seiner Phantasie eine ideale Welt, und besingt diese gedachte Welt des Schönen; seine Charaktere sind nicht Bürger dieser Erde, sondern idealisierte Erscheinungen aus dem Reiche seiner dichterischen Phantasie.

Dazu kommt, daß die äußeren Lebensverhältnisse, die notwendigen Bedingungen für eine vollendete intellektuelle Entwicklung des Individuums, bei beiden grundverschieden sind: Goethe ist in jeder Beziehung ein Glückskind, dem die höchsten Güter des Lebens, eine sorgenfreie Jugend, Reichtum, Ruhm, eine hohe Stellung, Gesundheit und langes Leben fast mühelos in den Schoß fallen — Schiller scheint von einem feindlichen Schicksal nur zum Kampf mit drückenden Fesseln, mit Not und Widerwärtigkeiten aller Art, mit Armut, harter Arbeit und Krankheit bestimmt zu sein, und, endlich auf dem Höhepunkt seines poetischen Schaffens angelangt, kommt sein Leben schon im 45. Jahre zu einem jähen Abschluß. —

5) Friedrich Schiller[79] (1759—1805), ein Süddeutscher, wurde während des 7jährigen Krieges am 10. November 1759 zu Marbach in Württemberg geboren. Sein Vater war ein durch langen Militärdienst an strenge Disciplin gewöhnter Charakter, während seine Mutter eine feinfühlende, religiöse, für die Poesie empfängliche Natur war. Des jungen Schiller Lieblingswunsch, Theologie zu studieren, um später seinem Vaterlande als Prediger zu dienen, wurde dadurch zu nichte gemacht, daß ihn Herzog Karl Eugen auf die Militär=Akademie des Landes („die Karlsschule") sandte, in deren Programm das Studium der Theologie nicht aufgenommen war. Noch ehe er seine akademischen Studien vollendet hatte, schrieb er in seinem zwanzigsten Jahre sein erstes Drama „Die Räuber"[80] (1779), ein echtes Produkt der Sturm= und Drangperiode, ein Werk voll ungebändigter, originaler Kraft, welches trotz des Mangels an künstlerischer Form und psychologischer Wahrheit doch schon das großartigste Talent offenbart. Die darin ausgesprochenen Freiheitsideen machten einen tiefen Eindruck auf die durch die Unabhängigkeits=Erklärung der nordamerikanischen Kolonieen (4. Juli 1776) enthusiastisch erregten Zeitgenossen, und bald waren die „Räuber" ein ungemein beliebtes Theaterstück. Um sich für immer von der unerträglich strengen militärischen Subordination und von der Tyrannei seines Herzogs frei zu machen, verließ Schiller im Jahre 1782 heimlich Stuttgart, wo er als Regiments=Arzt stationiert war, und begab sich nach Norddeutschland. Für die nächsten sieben Jahre hielt er sich litterarisch thätig und unter schwerem finanziellem Druck leidend an verschiedenen Plätzen auf, in Mannheim, Darmstadt, Leipzig, Dresden, Rudolstadt und Weimar. Außer der „Anthologie",[81] einer Sammlung lyrischer Gedichte, schrieb er während jener Jahre noch drei Dramen, nämlich „Die Verschwörung des Fiesko in Genua"
Jugenddramen. (1783), „Kabale und Liebe"[82] (1784) und „Don Carlos"[83] (1787). — Vom Drama ging er dann zu einem tieferen Studium der Geschichte über, wofür die Quellenstudien zum „Don Carlos" sein Interesse geweckt hatten, und schrieb das historische Werk

Historische Schriften. „Der Abfall der vereinigten Niederlande von Spanien" (1788). Auf Grund dieses Geschichtswerkes wurde er durch die Empfehlung des weimarischen Staatsrats Goethe als Professor der Geschichte an die Universität Jena berufen. Als solcher verfaßte er sein zweites historisches Werk: „Geschichte des 30jährigen Krieges"[85] (1790). Von der Beschäftigung mit der Geschichte ging Schiller im Jahre 1791 zu einem gründlichen Studium der Kantschen Philosophie[86] über, um damit seine intellektuelle Ausbildung zu vervollkommnen. Am liebsten beschäftigte er sich mit Fragen der Ethik und Ästhetik, die er in mehreren Schriften mit großer Klarheit und in leicht verständlicher Sprache behandelte. „Über Anmut und Würde" und „Über naive und sentimentalische Dichtung" sind zwei seiner bedeutendsten philosophischen Schriften.

Philosophische Schriften.

In der Abhandlung „Über Anmut und Würde" definiert er die verschiedenen Arten der Schönheit und nennt dieselbe 1) „architektonische Schönheit", insofern sich dieselbe auf die äußere Gestalt, den Bau des Menschen bezieht; 2) „Anmut" als Schönheit des Ausdrucks und der Bewegung; in ihr erscheinen körperliche und geistige Schönheit harmonisch vereint; 3) „Würde" bezeichnet die Schönheit der Handlungen im Dienste der Pflicht und im Kampfe mit sinnlichen Neigungen. —

„Über naive und sentimentalische Dichtung": Unter „naiver" Dichtung versteht er die antike Poesie der Griechen und Römer, die Naturpoesie, während er mit „sentimentalischer" Dichtung die subjektive Idealdichtung der modernen Völker, die Poesie des Gedankens und Reflektierens bezeichnet. Der naive Dichter ist der „Realist", der sentimentalische ist der „Idealist". Der naive Dichter ist dem idealen überlegen. Goethe ist der Typus eines naiven Dichters, Schiller selbst repräsentiert die sentimentalische Dichtung. —

Von dem Jahre 1794 datiert die Freundschaft,[87] welche die beiden größten deutschen Dichter, Schiller und Goethe, für die folgenden elf Jahre bis zu Schillers Tod aufs innigste verband. Goethe war als Mitarbeiter für Schillers litterarische Monatsschrift die „Horen" gewonnen worden; dies war der erste Schritt zu einer gegenseitigen Annäherung. Um den Geschmack ihrer Zeit zu heben, schrieben beide gemeinschaftlich die *Xenien.* „Xenien",[88] zweizeilige Verse (= Distichen, bestehend aus Hexameter und Pentameter) polemischen Inhalts, in welchen sie mit bitterm Sarkasmus alle unreifen und mittelmäßigen litterarischen Produktionen ihrer Zeit kritisierten.

Lyrische Gedichte. In dem seit 1796 von Schiller herausgegebenen „Musenalmanach" veröffentlichte er eine Reihe seiner herrlichsten lyrischen und epischen Gedichte.[89] Zu diesen gehört: „Der Spaziergang", „Das eleusische Fest", „Die Götter Griechenlands", „Das Lied von der Glocke", „Die Würde der Frauen" u. a.

Im „Spaziergang" entwirft der Dichter ein Bild von den verschiedenen Kulturstufen der Menschheit. An einen Spaziergang anknüpfend findet er die ersten Anfänge der Kultur in der Hütte des Landmanns. Eine höhere Stufe hat dieselbe in der nahe gelegenen Stadt erreicht, wo Handel und Industrie, Künste und Wissenschaften blühen, wo sich aber auch bald eine Überkultur manifestiert, in Folge deren ein Verfall der Sitten, eine allgemeine Demoralisation eintritt, welche am Ende zur Revolution führt, deren heilsamstes Resultat die Rückkehr des Menschen zur Natur und zu einer naturgemäßen Lebensweise ist. —

„Das eleusische Fest" feiert den Ackerbau als das wahre Fundament aller Kultur. —

In der Elegie „Die Götter Griechenlands"[90] betrauert der Dichter den Untergang der heitern hellenischen Kultur mit ihrer sinn- und gemütvollen Mythologie. —

„Das Lied von der Glocke",[91] eins der vollendetsten Gedichte aller Zeiten und Völker, enthält die herrlichsten Gedanken über das häusliche und öffentliche Leben. Der Dichter zeigt den Anteil, welchen die Glocke an allen wichtigen Momenten des menschlichen Lebens nimmt. Die „Geburt und Taufe" des Kindes, die „Hochzeit" des jungen Paares, die „Feuersbrunst", „der Tod und das Begräbnis" der Mutter sowie der „Ausbruch der Revolution" sind Bilder von unvergleichlicher poetischer Schönheit. —

„Die Würde der Frauen" feiert die erhabene Mission der Frau, Gegensätze und Widersprüche im Leben harmonisch auszugleichen und feindliche Elemente in Liebe und Freundschaft wieder zu vereinen. —

Balladen. Auf die lyrischen Gedichte folgten im „Musenalmanach" von 1798 und 1799 die schönsten Balladen,[92] wie „Der Handschuh", „Der Ring des Polykrates", „Ritter Toggenburg", „Der Taucher", „Die Kraniche des Ibykus", „Der Gang nach dem Eisenhammer", „Der Kampf mit dem Drachen", „Die Bürgschaft" u. s. w.

Den Stoff zu „Der Handschuh" fand der Dichter in einer alten französischen Chronik. —

„Der Ring des Polykrates" illustriert die griechische Idee vom Neide der Götter. —

„Ritter Toggenburg"[93] verherrlicht eine romantische Sage aus Tirol. —

„Der Taucher" zeigt den für Liebe und Ehre begeisterten Menschen im Kampfe mit der rohen Naturgewalt. —

„Die Kraniche des Ibykus" beweisen, daß der Dichter unter dem direkten Schutze der Götter steht, die seinen Tod an den Mördern rächen; die Macht des bösen Gewissens ist drastisch gezeichnet. —

„Der Gang nach dem Eisenhammer" ist eine poetische Illustration des alten Sprichworts: Wer andern eine Grube gräbt, fällt selbst hinein. —

„**Der Kampf mit dem Drachen**" besingt den Sieg der Kraft und Intelligenz des Menschen über die Ungeheuer der Wildnis, erklärt aber zugleich den Sieg über die eigenen Leidenschaften als den schwersten und herrlichsten Sieg. —

„**Die Bürgschaft**" feiert die Freundestreue, die vor keiner Gefahr zurückschreckt und die alle Hindernisse siegreich überwindet. —

In den letzten sechs Jahren seines Lebens wandte Schiller sein Interesse wieder der dramatischen Poesie zu und schuf die fünf gro-
Klassische Dramen. ßen Dramen[94] „**Wallenstein**" (1799), „**Maria Stuart**" (1800), „**Die Jungfrau von Orleans**" (1801), „**Die Braut von Messina**" (1803) und „**Wilhelm Tell**" (1804).

„**Wallenstein**",[95] Schillers dramatisches Meisterwerk, ist eine Trilogie, d. h. ein aus drei in sich abgeschlossenen Teilen bestehendes Drama, wie Shakespeares „Heinrich VI." — Der erste Teil „Wallensteins Lager" macht uns mit der Soldateska im Lager vor Pilsen in Böhmen bekannt; aus jedem Worte der Offiziere und Soldaten spricht der Enthusiasmus, den alle für ihren großen General fühlen. Der zweite Teil „Die Piccolomini" zeigt uns Wallenstein in seinen Beziehungen zu den höheren Offizieren seines Heeres, besonders zu den beiden Piccolomini, dem Vater und dem Sohn. Octavio Piccolomini der Vater, General-Lieutenant unter Wallenstein, ist ein schwankender und falscher Charakter, während sein Sohn Max, Oberst eines Kürassierregiments und der Geliebte von Wallensteins Tochter Thekla, eine ideale, über jeden Tadel erhabene Persönlichkeit ist. Im dritten Teil „Wallensteins Tod" unterliegt der Held des Dramas der Schwere seiner Schuld; seine Absicht ist, sich mit Hilfe des kaiserlichen Heeres zum König von Böhmen zu machen, zu welchem Zwecke er im geheimen ein Bündnis mit den Schweden, den Feinden seines Kaisers und Herrn, abgeschlossen hat; doch im letzten, entscheidenden Moment fällt er durch Mördershand. —

Zu der Tragödie „**Maria Stuart**"[96] hatte Schiller das historische Material aus Robertsons „Geschichte von Schottland", sowie aus Humes „Geschichte von England" geschöpft. Die unglückliche Königin von Schottland erscheint im Stücke nur als das leidende Weib, der wir unser Mitleid nicht versagen können. Ihr Charakter ist ein wunderliches Gemisch von Schuld und Unschuld, Hoheit und Demut, Heroismus und Schwäche. Unser ganzes Interesse ist ihr zugewandt. Darum läßt auch Schiller Englands große Königin Elisabeth nicht in ihrer historischen Hoheit und diplomatischen Klugheit auftreten, sondern als eine kleinliche von persönlichen Rücksichten, von Neid und Eifersucht getriebene Intrigantin. —

In der Tragödie „**Die Jungfrau von Orleans**"[97] verherrlicht der Dichter das Romantische, den Wunderglauben des Mittelalters. Johanna, die Heldin des Dramas, ist ein einfaches Hirtenmädchen,[98] eine Prophetin und Kriegerin in einer Person; sie glaubt von der Jungfrau Maria aufgefordert zu sein, ihr Vaterland von den Engländern zu befreien und Karl VII. in Rheims zum König von Frankreich zu krönen. Die Hilfe des Himmels ist ihr versprochen, wenn sie ihr Herz frei bewahren wird von der Liebe zu einem Manne.

[1750-1832] Die sechste Periode der deutschen Litteratur.   35

Doch die menschliche Seite ihrer Natur fordert ihre Rechte. In der Schlacht
sieht sie Lionel, den englischen Oberfeldherrn, und anstatt ihn zu töten, wie ihr
Befehl lautet, wird sie von heißer Liebe zu ihm ergriffen. Hierin liegt ihre
tragische Schuld: sie ist nun nicht mehr die Gottgesandte, die Hilfe des Himmels ist nicht mehr mit ihr, im Kampf mit den Feinden des Vaterlandes läßt
der Dichter sie ihren Tod finden. —

„Die Braut von Messina"[99] behandelt die Feindschaft der beiden Brüder
Don Manuel und Don Cesar von Messina. Die Fürstin Donna Isabella, die
Mutter der beiden Prinzen, bringt auf kurze Zeit eine Aussöhnung zwischen
ihren Söhnen zustande. Doch schon am Abend desselben Tages ermordet Don
Cesar seinen Bruder aus Eifersucht, da er seine Geliebte, die in einem benach-
barten Kloster lebende Beatrice, in den Armen seines Bruders findet. Un-
mittelbar nach der Katastrophe stellt sich heraus, daß Beatrice die totgeglaubte
Schwester der beiden Prinzen ist, und nun tötet Don Cesar sich selbst, um so die
Schuld des Brudermordes zu sühnen. —

„Wilhelm Tell",[100] Schillers letztes und populärstes dramatisches Werk,
ist ein objektiv-historisches Schauspiel voll reger Handlung. Der Dichter
schildert darin eine große Zeit, nämlich die Befreiung der Schweiz von der
Tyrannei des Hauses Österreich im Jahre 1308, und entwirft zugleich ein treues
Bild von dem Leben, dem Land und den Leuten in der Schweiz. —

Schon hatte Schiller den Plan zu einem sechsten großen Drama,
„Demetrius",[101] ausgearbeitet, als ihn auf der Höhe seines poetischen
Schaffens am 9. Mai 1805 ein plötzlicher Tod aus dem Leben abrief. Er
ruht in der Fürstengruft auf dem neuen Friedhof zu Weimar zur Seite seiner
Freunde Goethe und Karl August.

Es mag sein, daß, wie die Kritiker sagen, Schiller nicht so groß ist wie
Goethe, und daß er in der Weltlitteratur nur mit Dichtern wie Virgil,
Tasso, Corneille, Brenier und Lord Byron auf gleiche Stufe gestellt werden
kann[102] — aber die große Masse des deutschen Volkes verehrt ihn doch als
ihren ersten und größten Dichter. Schiller ist der erklärte Liebling des
Volkes, besonders der deutschen Jugend, welche mit seinen Dichtungen ebenso
wohl bekannt ist, wie Jung-England und Amerika mit Campbells "Lochiel's
Warning" oder Walter Scotts "Lochinvar." Diese Auszeichnung verdient
Schiller in vollem Maße als Dichter sowohl wie auch als Mensch. Alle,
die sein Leben kennen, vergöttern ihn als das Muster eines edlen, reinen,
selbstlosen, keiner Falschheit fähigen, beinahe idealen Charakters, welcher
seine ganze Kraft dem Dienste des Schönen, des Wahren und Guten gewid-
met und als feuriger Patriot den großen nationalen Fragen der Zeit von
ganzem Herzen das Wort geredet hat.

Schiller hat unendlich viel für die Litteratur
gethan:

36 Die sechste Periode der deutschen Litteratur. [1750–1832

1) er hat die rhythmische Schönheit und rhetorische Würde der deutschen Sprache bis zur höchsten Vollkommenheit ausgebildet;
2) er hat die heiligsten Gefühle seines Volkes, Liebe für das Vaterland, für Freiheit, Ehre, Recht und Wahrheit, für Freundschaft und Treue in unsterblichen Versen verherrlicht und hat dadurch einen großen Einfluß auf die Veredelung des Volkscharakters ausgeübt;
3) er hat durch seine historischen Werke das Interesse des Volkes für geschichtliche Studien geweckt und gestärkt;
4) er hat durch seine philosophischen Schriften über Fragen der Ethik und Ästhetik der Kunstkritik und Litteraturgeschichte eine neue Gestalt gegeben; er hat dadurch auch die Philosophie dem Verständnis des Volkes näher gebracht, indem er sich darin einer Sprache bedient hat, die so klar und verständlich ist, daß jeder Gebildete seinem Ideengange folgen kann.

6) Johann Wolfgang **Goethe**[103] (1749—1832), „der deutsche Dichterfürst" und einer der größten Dichter aller Zeiten, wurde am 28. August 1749 geboren. Von seinem gelehrten und kunstverständigen Vater, welcher als reicher Privatmann mit dem Titel „Kaiserlicher Rat" zu Frankfurt am Main lebte, wurde der ungemein talentvolle Knabe für das akademische Studium vorbereitet. Schon in seinem 16. Jahre bezog der junge Goethe die Universität Leipzig, um nach dem Willen seines Vaters Jurisprudenz zu studieren. Doch da er für dieses Studium absolut kein Interesse fühlte, so beschäftigte er sich als Student besonders mit litterarischen, naturwissenschaftlichen und Kunststudien und eignete sich im Umgange mit den ersten Familien der reichen Handelsstadt Leipzig den gesellschaftlichen Takt und die guten Manieren an, welche sein ganzes späteres Leben im Verkehr mit Hoch und Niedrig charakterisierten. Im Jahre 1768 verließ er die Universität Leipzig und kehrte krank nach Hause zurück. Dort blieb er, bis er nach seiner Genesung im Frühling 1770 die Universität Straßburg besuchte, um seine juristischen Studien zu beenden. Damals lernte er Herder kennen, welcher den Genius des jungen Dichters auf die rechte Bahn der Naturpoesie lenkte. Zart und innig war auch das Freundschaftsverhältnis, welches während seines Aufenthalts in Straßburg den jungen Studenten Goethe mit Friederike, der liebenswürdigen Tochter des Pfarrers Brion in Sesenheim bei Straßburg, verband. Im Jahre 1772 begab er sich nach Wetzlar, dem Sitze des deutschen Reichskammergerichts, um sich dort mit der praktischen Jurisprudenz bekannt zu machen. Eine hoffnungs-
Goethe. lose Neigung zu Charlotte Buff in Wetzlar veranlaßte ihn aber, diesen Ort schon nach vier Monaten wieder zu verlassen, worauf er sich in Frankfurt als Advokat niederließ. Als solcher schrieb er sein erstes

Drama „**Götz von Berlichingen**"[104] (1773), zu welchem er die historischen Vorstudien schon in Straßburg gemacht hatte; bald darauf erschien auch der Roman „**Die Leiden des jungen Werther**"[105] (1774), zu dem ihm jene Wetzlarer Liebesaffaire den Stoff geboten hatte. Durch diese beiden Dichtungen, welche einen enormen litterarischen Erfolg hatten, gewann Goethe mit einem Male den Namen eines großen Dichters. Damals machte er die Bekanntschaft des jungen, von Wieland unterrichteten Herzogs Karl August von Sachsen-Weimar, welcher ihn im Jahre 1775 an seinen Hof nach Weimar rief, wo dann der Dichter 57 Jahre lang bis zu seinem Tod hohe staatsmännische Stellungen bekleidete. Während der ersten zehn Jahre seines Aufenthalts in Weimar schrieb er eine große Anzahl seiner kleineren lyrischen und epischen Gedichte sowie die Anfänge der Dramen „**Faust**", „**Egmont**", „**Iphigenie auf Tauris**", „**Torquato Tasso**" und die ersten Bücher seines Romans „**Wilhelm Meisters Lehrjahre**".

Von 1786—1788 lebte Goethe in Italien, eifrig die Natur sowie die antike Kunst und Litteratur studierend. Die Frucht dieser italienischen Reise ist der hellenische Charakter seiner ganzen späteren Poesie; er ist nun nicht mehr ein Nachfolger Shakespeares und der nordischen Kunst, sondern ein Schüler Homers und der Tragiker Euripides und Sophokles. Die Dramen „Iphigenie in Tauris", „Egmont" und „Torquato Tasso" wurden in Italien vollendet. — Bald nach seiner Rückkehr von Italien brach im Jahre 1789 die französische Revolution aus, für welche aber unser Dichter weder persönliches Interesse noch politisches Verständnis hatte; darum wandte er der Politik den Rücken zu und bearbeitete in Hexametern die uralte satirische Tierfabel „**Reineke Fuchs**", in welcher er die Politik und die streitenden Parteien karikierte. — Im Jahre 1794 schloß er Freundschaft mit Schiller, für dessen litterarische Monatsschrift „Die Horen" er als Mitarbeiter gewonnen war, und mit welchem er gemeinschaftlich die schon genannten „**Xenien**" verfaßte. Der Roman „**Wilhelm Meisters Lehrjahre**"[106] erschien 1796 und im nächsten Jahre das idyllische Epos „**Hermann und Dorothea**".[107]

Nach Schillers Tod im Jahre 1805 lebte Goethe noch 27 Jahre. Während dieser langen Periode beschäftigte er sich hauptsächlich mit naturwissenschaftlichen Studien wie Optik, Farbenlehre, Mineralogie, Geologie und Botanik. Seinen dritten großen Roman „**Die Wahlverwandtschaften**"[108] gab er 1809 heraus. Gleich darauf begann er seine Autobiographie zu schreiben, welche seit 1811 unter dem Titel „**Aus meinem Leben — Dichtung und Wahrheit**"[109] veröffentlicht wurde. Für den großen Freiheitskrieg Deutschlands gegen Napoleon (1806—1815) zeigte Goethe keine patriotische Begeisterung; er zog sich gänzlich ins Privatleben zurück und studierte orientalische Sprachen und Litteraturen, als deren Resultat im Jahre 1819 „**Der Westöstliche Divan**",[110] eine Sammlung poetischer Reproduktionen aus dem Persischen und Arabischen, hervorging. Zu dem Roman „Wilhelm Meisters Lehrjahre" schrieb er einen zweiten Teil, den er im Jahre 1821 unter dem Titel „**Wilhelm Meisters Wanderjahre**"[111] veröffentlichte, und kurz vor seinem Tode brachte er auch noch das Hauptwerk seines Lebens, das Drama „**Faust**",[112] zum Abschluß. — Goethe starb, nachdem er sich einer ganz ungewöhnlichen körperlichen und geistigen Frische bis in sein hohes Alter erfreut hatte, im 83. Jahre seines Lebens, am 22. März 1832. Seine letzten Worte waren: „Mehr Licht"! Er ruht zur Seite seiner Freunde Schiller und Karl August in der Fürstengruft auf dem neuen Friedhof zu Weimar. —

In seiner äußeren Erscheinung war Goethe einer der schönsten Männer, die je gelebt haben; seine im Jahre 1787 in Rom angefertigte Büste zeigt einen Kopf, welcher schöner ist, als der des Apollo von Belvedere. Mit diesen körperlichen Vorzügen paarten sich in ihm die größten intellektuellen Anlagen. Er ist der vielseitigste Dichter aller Zeiten und in der Weltlitteratur sind nur Homer und Shakespeare seines gleichen. Goethe hat alle Arten der Poesie mit Meisterschaft behandelt: Lied, Epigramm, Ode, Elegie und Ballade, Fabel, Parabel und Legende, Komödie, Tragödie und Operette, Roman und Epos;

Goethes Vielseitigkeit.

ebenso sind seine prosaischen Werke über Geschichte, Biographie und Reisebeschreibung unerreichte Sprachmuster nach Form und Inhalt; ja selbst auf wissenschaftlichem Gebiete[113] ist er eine anerkannte Autorität, denn was er über Geologie, vergleichende Anatomie, Osteologie, Botanik, Optik und kosmische Geographie geschrieben hat, ist seiner Zeit epochemachend gewesen. — Seine Gedichte allein machen ihn zum ersten Lyriker Deutschlands, sein „Faust" zum größten philosophischen Dichter der neueren Zeit; das Epos „Hermann und Dorothea" zeigt sein unerreichtes Talent als Idyllendichter, und seine Romane erheben ihn weit über alle anderen modernen Novellisten.

Am größten ist Goethe als **Lyriker**.[114] Fast alle seine Lieder stehen in direkter Beziehung zu seinem Leben; sie sind wirklich Gelegenheitsgedichte. In denselben bringt er die edelsten und tiefsten Gefühle des Menschenherzens in der denkbar einfachsten und natürlichsten Weise zum Ausdruck. Ohne jede rhetorische Phrase und philosophische Reflexion spricht er in kindlich-naiver Weise vom Herzen zum Herzen. Er singt, wie der Vogel von seinem Zweige singt, ohne Studium und Regel, instinktiv, so wie die Natur ihn treibt zu singen: darum ist Goethes Lyrik wahre Naturpoesie, verkörperte Musik.

Aus der großen Zahl seiner herrlichen lyrischen Gedichte, die durch zahl=

[1750-1832] Die sechste Periode der deutschen Litteratur.

reiche Übersetzungen und Kompositionen weltbekannt geworden, sind zu nennen: „Heidenröslein" (1775), „Der Fischer" (1778), „Erlkönig" (1781), „Mignon" (1782), Der Sänger" (1782), „Wandrers Nachtlied" (1776 und 1783), „An den Mond" (1778), „Schäfers Klagelied" (1802), „Trost in Thränen" (1803), sowie die lyrischen Partieen[115] in „Wilhelm Meister," in „Egmont" und „Faust".

Lyrik.

Zu den bekanntesten Balladen[116] Goethes gehören „Der Zauberlehrling" (1797), „Die Braut von Korinth" (1797), „Johanna Sebus" (1809), „Der getreue Eckart" (1813) u. a.

Balladen.

Sein idyllisches Epos „Hermann und Dorothea" (1797) ist ein Meisterwerk ersten Ranges; mit der großen Zeit der französischen Revolution im Hintergrund entwirft es ein treues Bild echt deutschen Familienlebens:

Epos.

Hermann, der Sohn des reichen Besitzers des Hotels zum „goldenen Löwen," ein stiller, etwas scheuer, aber grundehrlicher Charakter, sieht in einem Zuge elsässischer Emigranten, die wegen der politischen Unruhen in Frankreich ihre Heimat auf dem linken Rheinufer verlassen haben, Dorothea, ein frisches und natürliches Mädchen. Er gesteht seiner Mutter, daß er das fremde Mädchen liebe, und daß er sie und keine andere in der Welt heiraten wolle. Der Vater, welcher für seinen Sohn eine reiche Frau wünscht, willigt endlich ein, daß Hermann zusammen mit dem Pastor und dem Apotheker des Städtchens, zwei bewährten Freunden der Familie, sich nach dem Charakter und moralischen Wert des Mädchens erkundigen und im günstigen Falle um ihre Hand werben sollen. Im Lager der Emigranten erhalten die beiden Freunde das beste Zeugnis über das Mädchen; gleichzeitig trifft Hermann die Geliebte am Brunnen vor dem Dorfe und nimmt die Heimatlose in das Haus der Eltern, wo noch an demselben Abend die Verlobung des jungen Paares gefeiert wird.

Hermann und Dorothea.

Die drei Romane Goethes sind: „Die Leiden des jungen Werther" (1774), „Wilhelm Meisters Lehrjahre" (1796) und „Die Wahlverwandtschaften" (1809).

Romane.

Der Roman „Die Leiden des jungen Werther" ist in Briefform geschrieben. Obgleich ganz deutsch in seinem Charakter, hat derselbe doch die Sympathieen der ganzen civilisierten Welt im Sturm gewonnen. Er ist einer von jenen Tendenzromanen, die, weil sie die innersten Gefühle und heiligsten Interessen der Zeitgenossen in beredter Weise zum Ausdruck bringen, einen unwiderstehlichen Eindruck auf die Gemüter machen; Frau Beecher-Stowe's "Uncle Tom's Cabin" kann als das Beispiel eines sol-

chen Tendenzromans aus neuester Zeit gelten: Wie um die Mitte **dieses
Jahrhunderts** die Befreiung der Neger aus der Sklaverei alle Herzen
bewegte, so war um die Mitte des vorigen Jahrhunderts extreme Sentimen=
talität, Unzufriedenheit mit allem Existierenden, kurz „der Weltschmerz", der
charakteristische Zug und die universelle Krankheit der Zeit. Auch Goethe
litt darunter, er fühlte die Symptome der Krankheit seiner Zeit in erhöhter
Potenz und gab ihnen plastischen Ausdruck in der Person des jungen Werther.
Die Komposition des Romans ist einfach und klar, die Sprache bezaubernd
wie Musik:

Werther ist Jurist und Diplomat, findet aber kein Interesse weder in seiner
amtlichen Stellung bei der Gesandtschaft, noch in den Vergnügungen seiner
aristokratischen Umgebung. Darum verläßt er die Stadt und bringt Früh=
ling und Sommer in ländlicher Stille zu, lesend und zeichnend und im Verkehr
mit Kindern und Leuten aus den untern Ständen. Dort sieht
er Lotte, ein junges, frisches und lebensfrohes Mädchen, deren
Hand aber schon an Albert vergeben ist. Werthers Liebe für
Lotte wächst um so mehr, als dieselbe hoffnungslos ist, zur un=
bändigsten Leidenschaft heran. Auf kurze Zeit kehrt er in die Stadt und in
die Gesellschaft zurück, aber umsonst, er kann Lotte nicht vergessen. So begiebt
er sich denn wieder aufs Land, aber in Lottens Nähe steigert sich sein krankhaf=
ter Zustand in einem solchen Grade, daß er an der Welt verzweifelnd sich selbst
den Tod giebt. —

**Werthers
Leiden.**

„Wilhelm Meisters Lehrjahre", Goethes geistreichster Roman,
sein „Faust in Prosa", besteht aus acht Büchern, welche, obgleich ohne ein
bestimmtes Prinzip an einander gereiht, doch ein höchst realistisches Bild
jener Zeit entwerfen durch die Schilderung der verschiedenartigsten Scenen
und Situationen, in denen sich der Held des Romans, Wilhelm, befindet.
Die schönsten Teile des Buches sind: Die Lieder des alten Harfners,
Mignons Lieder und die Kritisierung von Shakespeares „Hamlet":

Wilhelm Meister, der Sohn reicher Eltern, schwärmt schon als Knabe für
das Theater; er hat ein gefühlvolles Herz und großen Enthusiasmus für die
Kunst, ist aber ohne jede Willens= und Charakterstärke. Er will sehen und ler=
nen, und in Folge seiner Verbindung mit einer Theatertruppe
kommt er in Berührung mit Leuten aus den verschiedensten
Ständen, mit Hoch und Niedrig, mit Aristokraten und Ple=
bejern, mit guten und bösen, mit religiösen und profanen Cha=
rakteren. Im Umgange mit urteilsfähigen Kunstkennern werden seine Kunst=
ideen klarer und reifer; Shakespeares „Hamlet" ist für ihn das Ideal aller
dramatischen Kunst. Unter den verschiedenen Personen, die sich bei seiner Truppe
befinden, nehmen die 13jährige Mignon, das Kind voll tiefer Sehnsucht nach
ihrer Heimat Italien (das Urbild der Fenella in Walter Scotts " Peveril of
the Peak") und der alte Harfenspieler die Sympathieen des Lesers ganz beson=
ders in Anspruch. — Nach vielen Abenteuern und Irrungen hat Wilhelm
endlich eingesehen, daß in der Entsagung das Glück des Menschen liegt,

**Wilhelm
Meisters
Lehrjahre.**

1750–1832] Die sechste Periode der deutschen Litteratur. 41

und so läßt uns der Dichter am Ende hoffen, daß der Held des Romans seine Lehrjahre beendet hat und nun zur Ruhe kommen wird.

„**Die Wahlverwandtschaften**", Goethes kunstvollster Roman, „das Meisterstück seines stilvollen Realismus," verbindet mit feiner Komposition und klarer, objektiver Darstellung logisch motivierte und methodisch handelnde Charaktere:

Die Wahlverwandtschaften.

Der Roman feiert die Ehe als den Anfang und Gipfel aller Kultur und zeigt, wie das Glück des Lebens zerstört wird, sobald die moralischen Bande der Ehe den leidenschaftlichen Begierden zum Opfer fallen. Dies wird nachgewiesen an dem Beispiel Eduards, eines reichen Barons, welcher mit Charlotte so lange in glücklicher Ehe lebt, bis zwei andere Persönlichkeiten, der Hauptmann, ein Freund Eduards, und Ottilie, Charlottens Pflegetochter, in diesen Kreis treten. Wie in der Chemie w a h l v e r w a n d t e Elemente einander anziehen, so fühlt sich nun Eduard zu Ottilie hingezogen, und dadurch entfremdet er sich von seinem Weibe, welche ihrerseits eine Neigung für den Hauptmann unterhält. Der letztere entfernt sich aus diesem Kreise, Ottilie stirbt und bald folgt ihr Eduard, der ihren Verlust nicht ertragen kann, im Tode nach. —

Dramen.

Die 5 großen Dramen Goethes sind: „G ö t z v o n B e r l i c h i n g e n" (1773), „J p h i g e n i e a u f T a u r i s" (1779 und 1786), „T o r q u a t o T a s s o" (1781 und 1789), „E g m o n t" (1787) und „F a u s t" (1774—1831).

„**Götz von Berlichingen**" enthält die dramatisirte Geschichte des Ritters gleichen Namens (geb. 1481, gestorben 1562), seine Fehden mit den Bürgern der Stadt Nürnberg und mit dem Bischof von Bamberg, seinen Kampf gegen das kaiserliche Exekutionsheer, sowie seinen Anteil am Bauernkriege (1525), als Führer der rebellischen Bauern. Das Drama ist reich an interessanten, scharf gezeichneten Charakteren, welche uns ein treffliches Bild von Land und Leuten und von den traurigen politischen und sozialen Zuständen Deutschlands in jenen Tagen geben: neben dem ohnmächtigen Kaiser Maximilian erscheinen die mächtigen Ritter und Barone des Reiches, die weltlich gesinnte Geistlichkeit, falsche Höflinge, koquette Hofdamen, rebellische Bauern, bivouakierende Zigeuner und Richter des geheimen Tribunals der heiligen Feme. —

In „**Iphigenie in Tauris**",[117] dem kunstvollsten Drama Goethes, behandelt er die schon von Euripides dramatisierte Geschichte der Familie des Agamemnon, die Opferung Iphigeniens in Aulis, ihre Rettung durch die Göttin Diana, ihre Thätigkeit als Priesterin in Tauris sowie ihre Rückkehr nach Griechenland. Der Charakter Iphigeniens als Weib, Tochter, Schwester, Priesterin und Griechin ist meisterhaft ausgeführt. —

„**Torquato Tasso**"[118] zeigt den großen italienischen Dichter Tasso (1544—1595) in seinen Beziehungen zum Hof des Herzogs Alphons von Ferrara. Die Entwicklung von Tassos Charakter bekundet Goethes große psychologische Einsicht. —

„**Egmont**"[119] versetzt uns in die von der Tyrannei der Spanier leidenden Niederlande, macht uns zu Augenzeugen der Hinrichtung des Grafen Egmont, des Führers der nationalen Partei des Landes, durch General Alba (1568) und motiviert mit dieser Blutthat den Abfall der Niederlande von Spanien. In die politische Geschichte der Zeit ist ein ungemein zartes Liebesverhältnis eingeflochten, welches den Grafen Egmont als Menschen und Geliebten Klärchens, eines einfachen, frischen und lebenslustigen Bürgermädchens, einführt. Die beiden Hauptcharaktere, Klärchen und Egmont, sind mit unaussprechlicher Anmut gezeichnet und nehmen unsere vollste Sympathie in Anspruch. —

In „**Faust**", dem größten und tiefsinnigsten Werke der dramatischen Poesie, hat Goethe die alte Sage von Dr. Faust, wie er dieselbe in dem Volksbuche des 16. Jahrhunderts fand, von einem höheren, psychologischen Standpunkte aus aufgefaßt und das titanische Ringen eines Genius nach Erkenntnis der Wahrheit in vollendeter Weise dargestellt: Faust hat die Befriedigung seiner Herzenswünsche nicht im W i s s e n gefunden (.. „Philosophie, Juristerei, Medizin und leider auch Theologie" ...); die M a g i e, der er sich dann ergeben, hat ihn völlig entmutigt (Erdgeist: „Du gleichst dem Geist, den du begreifst, nicht mir!"); die s i n n l i c h e n G e n ü s s e haben ihn nur das Elend des Lebens von Grund aus erkennen lassen („Auerbachs Keller" — „Episode mit Margareta"); die Resultate seines K u l t u s d e s S c h ö n e n („Helena" — „Die klassische Walpurgisnacht") haben sein Herz nicht auf die Dauer befriedigen können, bis er endlich in der T h a t, i m p r a k t i s c h e n L e b e n, in der industriellen und commerciellen Arbeit für das Wohl der Menschheit („Urbarmachung des Bodens, Bau von Handelsschiffen, Anlage von Kolonieen") die lang ersehnte Ruhe des Herzens und die Vergebung des Himmels für die Irrungen seiner Jugend findet. —

Prosaschriften. Von Goethes Prosaschriften interessieren uns am meisten: „D i e i t a l i e n i s c h e R e i s e"[120] (1786—88) und seine Autobiographie „A u s m e i n e m L e b e n — D i c h t u n g u n d W a h r h e i t" (1811).

„Die italienische Reise" (oder „Briefe aus Italien") enthält des Dichters Korrespondenz mit seinen Freunden in Weimar während seines Aufenthalts in Italien. Seine Darstellung von allem, was er gethan, gesehen, erlebt und gelernt hat, ist so natürlich, daß der Leser sich mitten hinein in das Leben in Italien versetzt fühlt. Dies Werk ist das Muster aller Reisebeschreibungen. —

Goethes Selbstbiographie „**Dichtung und Wahrheit**" ist ein Meisterstück der Biographie nach Inhalt und Form. Das Werk enthält die Summe seiner Erfahrungen aus seinem Leben, reicht aber leider nur bis zu seiner Ankunft in Weimar, d. h. bis zu seinem 26. Lebensjahre. Eine teilweise Fortsetzung der Erzählung seines Lebens findet sich in der „italienischen Reise" (1786—88), in der „Campagne in Frankreich" (1792), in der „Belagerung von Mainz"(1793), in der „dritten Schweizerreise" (1797), in seinen „Annalen" oder „Tag- und Jahresheften" (1749—1822), in seiner „Reise am Rhein, Main und Neckar" (1814—15), sowie endlich in seinem vielseitigen „Briefwechsel." —

[1750–1832] Die sechste Periode der deutschen Litteratur.

So steht Goethe da als der erste und größte unter den deutschen Dichtern und als einer von den größten Männern[121] in der Litteratur der Welt. Diese hohe Stellung läßt sich mit folgenden Punkten motivieren:
1) er ist der universellste Dichter, der Genius, der alle Gebiete der Litteratur mit gleicher Kunstfertigkeit beherrscht hat;
2) er verbindet, wie kein andrer, in vollster Harmonie Natur und Kunst, Leben und Poesie, Form und Inhalt;
3) alle großen Eigenschaften der übrigen Klassiker finden sich in ihm concentriert und in erhöhter Potenz; er besitzt Klopstocks Sprachreichtum und Melodie, Lessings logische Klarheit und psychologische Einsicht, Wielands Grazie, Herders Vielseitigkeit und ästhetischen Enthusiasmus und Schillers rhythmische und rhetorische Sprachvollendung.

Der humoristische Roman. — Seit J o h a n n F i s c h a r t und S e b a s t i a n B r a n t, den Satirikern der Reformationszeit, war kein Humorist von Bedeutung in der deutschen Litteratur aufgetreten. Bei den Klassikern fand sich der Humor nicht repräsentiert, außer vielleicht in einigen Jugenddichtungen Goethes sowie in Schillers „Wallensteins Lager". Diese Lücke auszufüllen erschien J o h a n n P a u l **Richter**[122] (1763—1825), gewöhnlich nur kurz „J e a n P a u l" genannt, der größte humoristische Schriftsteller Deutschlands und eine der interessantesten Figuren in der gesamten deutschen Litteratur. Sein Wissen war zwar vielseitig, doch encyklopädisch, unzusammenhängend; aber sein packender Witz, seine ungemein lebhafte Phantasie, seine stets gute Laune sowie sein tiefes Gefühl für alles Schöne und Gute ersetzten vollauf, was ihm an gründlicher Bildung fehlte.

In Richters Schriften findet sich eine Fülle der schönsten Ideen, doch da dieselben chaotisch, ohne Ordnung und System auf einander folgen, so erscheinen sie wie ein humoristisches Potpourri, wie ein buntes Allerlei, in welchem die ergreifendsten Scenen direkt neben trivialen Situationen und ganz alltäglichen Bemerkungen stehen. Dazu kommt, daß Richter absolut kein Gefühl für stilistische Schönheit und Klarheit hat, so daß die herrlichsten Gedanken oft in die barockste Sprachform gekleidet sind. Hieraus erklärt es sich auch, warum es unmöglich ist, Richters Werke in andere Sprachen so zu übersetzen, daß dem Ausländer eine richtige Idee von dem eigentümlichen Charakter dieses Schriftstellers gegeben werden kann. In der englischen Litteratur läßt sich der Humorist L a w r e n c e S t e r n e (1713—1768), der Verfasser von "Tristram Shandy" und "Sentimental Journey through

„Jean Paul" Richter.

France and Italy" am besten mit Richter vergleichen; auch Longfellows Prosa-Erzählung "Hyperion" erinnert in einigen Punkten an Jean Paul.

In seinen ersten Publikationen „Grönländische Prozesse" und „Auswahl aus des Teufels Papieren" war Richter mehr Satiriker als Humorist, aber in allen seinen späteren Romanen („Die unsichtbare Loge" — „Hesperus" — „Das Leben des Quintus Fixlein" — „Der Jubelsenior" (1797) — „Titan" (1800) — „Die Flegeljahre" (1804) u. s. w. — zeigt er sein ganz enormes Talent als humoristischer Erzähler. Auch die Gebiete der Philosophie („Vorschule der Ästhetik", „Das Campaner Thal" 1798) und der Pädagogik („Levana" oder Erziehungslehre 1807) hat Richter mit Glück bearbeitet.

Die patriotische Lyrik der Freiheitskriege. Seit 1806 lastete die Hand Napoleons Jahre lang schwer auf Deutschland. Zum Glück fehlte es in jenen trüben Tagen nicht an patriotischen Dichtern, welche ihre Landsleute zur Befreiung des Vaterlands herausriefen. Zu diesen Freiheitssängern gehören: Arndt, Körner, Schenkendorf und Rückert.

Ernst Moritz **Arndt**[123] (1769—1860), war ein gerader, eisenfester Charakter, ein Mann von unbeugsamem Mute und unerbittlichem Zorn gegen Falschheit und Tyrannei. Während jener Jahre der tiefsten politischen Erniedrigung Deutschlands ermahnte, warnte und tröstete er sein Volk durch Flugschriften, deren kräftiger, fast in jedem Worte an Luther erinnernder Ton die Herzen der Deutschen für die heilige Sache des Vaterlands mächtig entflammte. Und als dann im Frühling 1813 das Volk zu den Waffen griff und in einer langen Reihe blutiger Schlachten sich von der Tyrannei Napoleons freimachte, da sang Arndt jene kraftvollen Vaterlandslieder, die noch heute das Herz eines jeden Patrioten erwärmen:

„Was ist des Deutschen Vaterland? ... "
„Was blasen die Trompeten? Husaren heraus! ... "
„Der Gott, der Eisen wachsen ließ, der wollte keine Knechte ... "
„Sind wir vereint zur guten Stunde ... "
„Deutsches Herz, verzage nicht! ... " u. s. w.

Theodor **Körner**[124] (1791—1813) der „deutsche Tyrtäus", eine schöne, jugendfrische und ideale Gestalt, — der leibhaftige Max Piccolomini aus Schillers „Wallenstein" — der Liebling der deutschen Jugend bis auf diesen Tag. Unter dem direkten Einflusse Schillers, welcher der intimste Freund der Körnerschen Familie war, entfaltete sich das poetische Talent des Jünglings und wurde im Sinne Schillers auf die Verherrlichung der edelsten Güter des Volkes, auf Recht, Glauben, Sitte, Freiheit und Vaterland gelenkt. Unmittelbar nach der furchtbaren Katastrophe, welche Napoleons stolze Armee im Winter 1812—13 in Rußland betraf, sang Theodor Körner ermutigend

"Frisch auf, mein Volk! Die Flammenzeichen rauchen,
Hell aus dem Norden bricht der Freiheit Licht . . ."

und als dann ganz Deutschland in Waffen aufstand, da rief er triumphierend

"Das Volk steht auf, der Sturm bricht los . . ."

Voll edlen Kampfesmutes trat er selbst in die Armee ein und kämpfte fünf Monate lang als Lieutenant in Lützows freiwilligem Jägercorps für die Freiheit des Vaterlands, bis ihn, den erst 22jährigen Dichter und Helden, der ehrenvolle Tod in der Schlacht am 26. August 1813 ereilte, nachdem er noch wenige Stunden zuvor seinen Schwanengesang „Das Schwertlied" gesungen hatte:

"Du Schwert an meiner Linken,
Was soll dein heit'res Blinken? . . ."

Seine zahlreichen Vaterlands- und Kriegslieder wurden nach seinem Tode gesammelt und unter dem bedeutungsvollen Titel „Leier und Schwert" herausgegeben. Von seinen Dramen hat das patriotische Trauerspiel "Zriny" einen tiefen Eindruck auf die Gemüter der Zeitgenossen gemacht. —

Max von **Schenkendorf**[125] (1783—1817), ein zarter, inniger, religiöspatriotischer Sänger, welcher wie Körner an dem Befreiungskriege als Soldat aktiven Anteil nahm. Von seinen Vaterlandsliedern ist das schönste das zum Volkslied gewordene

"Freiheit, die ich meine,
Die mein Herz erfüllt,
Komm mit deinem Scheine,
Süßes Engelsbild! . . ."

Im vollen Bewußtsein und im stolzen Hinblick auf die Kraft und Schönheit der deutschen Sprache hat er das herrliche Gedicht „Muttersprache" geschrieben:

"Muttersprache, Mutterlaut!
Wie so wonnesam, so traut!
Erstes Wort, das mir erschallet,
Süßes, erstes Liebeswort,
Erster Ton, den ich gelallet,
Klingest ewig in mir fort . . . . ."

Friedrich Rückert[126] (1788—1866) war Professor der orientalischen Sprachen an der Universität Erlangen und später in Berlin. Während der Befreiungskriege dichtete er eine Reihe patriotischer Lieder („Geharnischte Sonette"), in welchen er seine glühende Vaterlandsliebe sowie seinen enblosen Haß gegen Napoleon trefflich zum Ausdruck brachte. Später hat er sich wie Goethe mit den Litteraturen der orientalischen Völker, speziell mit denen der Araber, Perser, Inder und Chinesen, beschäftigt und hat als Resultat dieser Studien „Die Weisheit des Brahmanen" verfaßt, eine Sammlung von kurzen Gedichten (Epigramme und Sentenzen), in welchen er im Geiste von Goethes „Westöstlichem Divan" europäischen Lebensanschauungen und Erfahrungen ein orientalisches Kolorit giebt.

Die romantische Schule. — Wie Weimar das Hauptquartier der Klassiker war, welche die antike Kultur der Griechen und Römer idealisierten, so ging von dem benachbarten Jena eine litterarische Bewegung aus, welche in der ersten Hälfte des 19. Jahrhunderts viel Aufsehen gemacht hat. Man nennt diese neue Richtung, welche, in direktem Gegensatz zu der klassischen Schule, die Kultur des Mittelalters zu ihrem Hauptprinzip machte, die romantische Schule[127] und die Männer, welche dieselbe ins Leben riefen oder ihr folgten, die Romantiker. Diese verherrlichten die Macht Roms und den Glanz der christlichen (katholischen) Kirche des Mittelalters und reproducierten die Poesie jener frühen Jahrhunderte in modernen Übersetzungen. Vom deutschen Mittelalter richteten sie dann ihr Auge auf die Litteraturen der romanischen Völker und machten besonders die Dichtungen der Italiener und Spanier durch Übersetzungen dem deutschen Volke zugänglich. Ebenso schenkten sie ihr Interesse der phantasiereichen Märchenwelt des Orients. So sind im großen und ganzen die Romantiker mehr durch Reproduktion als durch Originalwerke für die poetische Litteratur Deutschlands von Bedeutung gewesen.

Zu den eigentlichen Romantikern gehören: Die Gebrüder Schlegel, Hardenberg, Tieck, Brentano, Arnim, Kleist und Fouqué, während andere Dichter wie Chamisso, Eichendorff, Heine und Platen teils als Nachfolger und teils als Gegner mit dieser Schule in Verbindung stehen.

August Wilhelm Schlegel[128] (1766—1845) und **Friedrich Schlegel**[129] (1772—1829) waren die beiden Häupter der Romantiker und die Herausgeber des kritisch-ästhetischen Journals „Das Athenäum", des Centralorgans dieser Schule. Dem älteren Bruder, der nicht nur Dichter sondern auch Kritiker und Litterarhistoriker war, verdanken wir die beste deutsche Übersetzung der Werke Shakespeares. —

Friedrich von **Hardenberg**[130] (1772—1801), genannt „Novalis", „der Prophet der Romantiker", war ein genialer Mensch, der in seinen Dichtungen (Roman: „Heinrich von Ofterdingen") Religion, Kunst und Wissenschaft mit einander zu verbinden suchte. Seine „G e i st l i ch e n L i e d e r" sind voll Glut und Innigkeit. —

Ludwig **Tieck**[131] (1773—1853) hat sich durch seine Romane sowie durch die Fortsetzung der von Wilhelm Schlegel begonnenen Übersetzung Shakespeares einen Namen gemacht. —

Clemens **Brentano**[132] (1778—1842) und Achim von **Arnim**[133] (1781—1831) sammelten gemeinschaftlich die alten deutschen Volkslieder und gaben dieselben unter dem Titel „D e s K n a b e n W u n d e r h o r n" im Jahr 1806 heraus. —

Heinrich von **Kleist**,[134] der bedeutendste Dramatiker der romantischen Schule, ist bekannt durch sein Lustspiel „D e r z e r b r o ch e n e K r u g" sowie durch sein Ritterschauspiel „D a s K ä t h ch e n v o n H e i l = b r o n n."—

Friedrich **Fouqué**[135] ist der Dichter der lieblichen Märchennovelle „U n d i n e":

Undine, eine Nixe, ist, wie alle Wassergeister, ohne Seele geboren. Nach einer alten Sage erhalten aber die Nixen eine Seele, sobald sie sich mit Menschen verheiraten. Wenn sie aber aus irgend einem Grunde ihren Gemahl verlassen und ins Wasser zurückkehren, so ist die Ehe dadurch nicht aufgelöst. Im Falle der Mann eine andre Frau nimmt, kehrt das Wasserweib zurück und bringt den Ungetreuen um. So ergeht es dem Ritter Huldbrand von Ringstetten, welcher die schöne Undine zum Weib hat. Von ihm gescholten kehrt diese ins Wasser zurück, und als er bald darauf Bertalda heiratet, taucht Undine am Hochzeitstage tiefverschleiert aus dem Wasser hervor und tötet den Ritter durch einen Kuß. —

Adalbert von **Chamisso**[136] (1781—1838), „der nächste Geistesverwandte unseres großen Edgar Allan Poe," von Geburt ein Franzose aber in Sprache und Charakter ein Deutscher, folgte in seiner Jugend der mysteriösen, märchenhaften Weise der Romantiker. Dies zeigt am besten seine „W u n d e r s a m e G e s ch i ch t e d e s P e t e r S ch l e m i h l", des Mannes ohne Schatten:

Peter Schlemihl, ein armer Bursche, verkauft dem Teufel, der sich ihm in der Gestalt eines alten, scheinbar wohlwollenden Herrn nähert, seinen Schatten für einen Geldsack, der nie leer wird. Aber damit beginnt sein Unglück, denn seine Freunde, seine Geliebte, seine Diener, kurz alle, die in irgend einer Weise mit ihm in Berührung kommen, fliehen ihn, da sie mit einem Manne ohne Schatten nichts zu thun haben wollen. Schlemihl könnte seinen Schatten wieder bekommen, wenn er dem grauen Männlein dafür seine Seele verschreiben wollte, aber dies will er auf keinen Fall thun. Schießlich wirft er den Wunderbeutel von sich, nachdem er sich noch mit dem letzten Geld ein Paar Stiefel gekauft hat, mit welchen er sieben Meilen in einer Sekunde durchmessen kann, und in diesen Siebenmeilenstiefeln wandert er nun über die ganze Erde, überall forschend und studierend, und in dieser Beschäftigung findet er die Ruhe seines Herzens wieder. —

Viele von Chamissos l y r i s c h e n G e d i c h t e n sind von der allergrößten Anmut und Zartheit. Zu den duftigsten Blüten der deutschen Lyrik gehört sein Liedercyklus „F r a u e n = L i e b' u n d L e b e n", welcher mit dem Erwachen der jungfräulichen Liebe beginnt:

> „Seit ich ihn gesehen,
> Glaub' ich blind zu sein;
> Wo ich hin nur blicke,
> Seh' ich ihn allein..."

> „Du Ring an meinem Finger,
> Mein goldenes Ringelein,
> Ich drücke dich fromm an die Lippen,
> Dich fromm an das Herze mein..."

und mit der Liebe der Großmutter schließt. —

In dem Gedichte „D a s S c h l o ß B o n c o u r t" spielt der Dichter auf seine eigene früheste Lebensgeschichte an. Die Qualen des bösen Gewissens schildert er in „D i e S o n n e b r i n g t e s a n d e n T a g"; das Glück, welches treue Pflichterfüllung mit sich bringt, feiert er in dem Gedicht „D i e a l t e W a s c h f r a u"; einen humoristischen Ton schlägt er an in den Romanzen „T r a g i s c h e G e s c h i c h t e"

> „'S war einer, dem's zu Herzen ging,
> Daß ihm der Zopf so hinten hing..."

und in „D e r r e c h t e B a r b i e r". —

J o s e p h von **Eichendorff**[137] (1788—1857) schrieb die jugendfrische Erzählung „Aus dem Leben eines Taugenichts", welche zu den besten Originalproduktionen der romantischen Schule gehört. — Seine lyrischen Gedichte sind voll tiefen Gefühls und dabei so einfach und anspruchslos in Form und Inhalt, daß einige derselben geradezu Volkslieder geworden sind, die mancher singt, ohne des Dichters Namen zu kennen. Eine Perle seiner Lyrik ist „D a s z e r b r o c h e n e R i n g l e i n":

„In einem kühlen Grunde,
Da geht ein Mühlenrad,
Mein' Liebste ist verschwunden,
Die dort gewohnet hat..."

Allbekannt und vielgesungen ist sein „Jägers Abschied", ein Lied, das auch in die englischen Liederbücher übergegangen ist:

„Wer hat dich, du schöner Wald,
Aufgebaut so hoch da droben?
Wohl, den Meister will ich loben,
So lang' noch mein' Stimm' erschallt.
Lebe wohl!
Lebe wohl, du schöner Wald!..."

Heinrich Heine[138] (1799—1856), „der Spottvogel im deutschen Dichterwald", welcher alles, Freundschaft, Liebe, Religion, Familie und Politik, mit beißendem Spott und bitterm Sarkasmus travestiert. Durch seinen Cynismus verlieren seine sonst meisterhaften Dichtungen viel von ihrem Wert. Sein glänzendes Dichtertalent zeigt sich von seinen Prosa= schriften am besten in seinen „Reisebildern", obgleich auch diese in einem scharfen, satirischen Tone geschrieben sind. Seine lyrischen Gedichte („Das Buch der Lieder") machen Heine zu einem der größten Lieder= dichter Deutschlands; zu dem besten, was die deutsche Lyrik hervorgebracht hat, zählen solche kleine Lieder wie

„Leise zieht durch mein Gemüt
Liebliches Geläute..." — oder

„Du bist wie eine Blume
So hold und schön und rein..." — oder

„Und wüßten's die Blumen, die kleinen,
Wie tief verwundet mein Herz..." — oder

„Du schönes Fischermädchen,
Treibe den Kahn ans Land..."

Ebenso hat Heine eine Anzahl vollendeter Balladen gedichtet, von wel= chen „Die Lorelei", „Die Wallfahrt nach Keblaar," „Belsazar" und „Die Grenadiere" die bekanntesten sind.

Heine folgte in seiner Jugend der romantischen Richtung, wandte sich aber später ganz von derselben ab und wurde sogar einer ihrer bittersten Feinde. —

August Graf von Platen[139] (1796—1835) war ebenfalls ein Nachfol= ger der romantischen Schule in seinen Jugenddichtungen. Er ist ein Meister im Gebrauch der komplicierten kunstvollen antiken Versmaße, wie sie die griechischen und römischen Lyriker gebraucht haben, wes‍halb man ihn auch „den deutschen Pindar" genannt hat.

Platen.

Aber gerade wegen dieser reimlosen metrischen Formen ist er in Deutschland nicht so populär geworden, wie er verdient hätte. In weiteren Kreisen sind nur wenige seiner Balladen bekannt, so „Das Grab im Busento" und „Der Pilgrim von St. Just". —

Auch für das tiefere wissenschaftliche Studium der politischen, litterari‍schen, sozialen und kirchlichen Geschichte des Mittelalters war der Geist der romantischen Schule von Einfluß und Bedeutung. Den Wegen der Romantiker folgend vertieften sich die Gebrüder Grimm[140] (Jakob Grimm 1785—1863 und Wilhelm Grimm 1786—1859) in das Sprach-, Religions-, Rechts- und Sagenstudium des Mittelalters und schrieben ihre großen Werke „Deutsche Grammatik", „Deutsche Mytho‍logie", „Geschichte der deutschen Sprache", „Deutsches Wörterbuch", „Deut‍sche Kinder- und Hausmärchen" und „Deutsche Sagen". —

Germanische Studien.

Seit dem Ende dieser sechsten Periode erreichten auch andere Zweige der Prosalitteratur eine hohe Blüte: In der Ge‍schichtsschreibung[141] leisteten Niebuhr, Mommsen und Ranke großes, die beiden ersten durch ihre kriti‍sche Behandlung und der letztgenannte durch die künst‍lerische Gruppierung des historischen Materials. — Der Meister der Biogra‍phie war Varnhagen von Ense. — In der Darstellung des Natur- und Völkerlebens steht Alexander von Humboldt[142] (1769—1859), die Zierde und der Stolz Europas, bis jetzt un‍erreicht da („Kosmos", „Ansichten der Natur"), während die vergleichende Philologie durch seinen Bruder Wilhelm von Humboldt,[143] (1767—1835) einen ästhetisch feinfühlenden, politisch liberalen und universell gebildeten Philosophen und Staatsmann, große Er‍folge erzielte. — Die moderne Pädagogik oder Erziehungs‍lehre folgt noch heute den Bahnen, welche ihr Heinrich Pestalozzi[144] (1746—1827), der größte Schulmann des Jahrhunderts, vorgeschrieben hat.

Geschichtsschreibung. Biographie.

Naturwissenschaften.

Vergleichende Philologie.

Pädagogik.

Die siebente Periode der deutschen Litteratur.
(Seit 1832.)

Seit Goethes Tod hat eine ungemein große Zahl von Dichtern und Dichterinnen den deutschen Parnaß belebt und alle Zweige der poetischen Litteratur kultiviert. Immer mehr wird die Dichtkunst ein Gemeingut der gesamten Nation und immer mehr bewahrheitet sich Uhlands schönes Wort:

> „Nicht an wen'ge stolze Namen
> Ist die Liederkunst gebannt;
> Ausgestreuet ist der Samen
> Über alles deutsche Land . . ."

Solche unsterblichen Werke, wie sie zu ihrer Zeit Lessing, Schiller und Goethe schufen, hat unsere Zeit freilich nicht hervorgebracht; aber darf uns das wundern? Kann unser durchaus realistisch und praktisch gesinntes Zeitalter, diese Ära der Dampfmaschine und des elektrischen Stromes, großartige idealistische Schöpfungen im Reiche der Poesie begünstigen? Feiert nicht statt dessen die wissenschaftliche Litteratur[145] in allen ihren Zweigen gerade in unserer Zeit die allergrößten Triumphe? Hat nicht Alexander von Humboldt würdige Schüler und Nachfolger in den Naturforschern Helmholtz, Virchow, Du Bois-Reymond und Ernst Häckel sowie in dem Geographen Karl Ritter gefunden?

Die deutsche Dichtung der ersten zwei Decennien dieser neuesten Periode (1830—1850) zeigt, dem Geist der Zeit entsprechend, einen politisch-revolutionären Charakter. Der Konflikt zwischen Volk und Thron, zwischen den modernen freiheitlichen Tendenzen des Demokratismus und den veralteten Prinzipien des Absolutismus, fand beredten Ausdruck in den poetischen Produktionen der besten zeitgenössischen Talente.

Zwei Juden waren es, denen das Verdienst gebührt, sich an die Spitze des endlich erwachenden Liberalismus in Deutschland gestellt und ihren Landsleuten eine Idee von den unveräußerlichen Rechten des Individuums beigebracht zu haben: Der Publizist Ludwig **Börne**[146] (1786—1837) und der Lyriker Heinrich **Heine** (1799—1856), beide Meister der Satire und der vernichtenden Ironie, sprachen mit Überzeugung und Entschiedenheit ihre demokratischen Ansichten aus, jener durch seine „Briefe aus Paris", dieser durch seine die Herzen der deutschen Jugend entflammende Revolutionslyrik. Diesen Führern schlossen sich jüngere Talente, vor allen die Dramatiker Karl **Gutzkow**[147] (1811—1878) und Heinrich **Laube**[148] (1806—1884), an und kämpften als „das junge Deutschland" energisch für die Freiheit des Individuums, für allgemeine Humanität und Emanzipation aller Geknechteten, besonders der Frauen und der Juden. Und ihren Fußstapfen folgte jene Reihe patriotischer Sänger, welche durch ihre Rebellionspoesie die Revolution von 1848 vorbereiteten: Herwegh, Kinkel, Hoffmann von Fallersleben, Freiligrath u. a.

Georg **Herwegh**[149] (1817—1875) war der erste, welcher durch seine feurigen „Gedichte eines Lebendigen" der modernen Lyrik diese bestimmte oppositionelle Tendenz gab. Wie er, so nahm auch Gottfried **Kinkel**[150] (1815—1862) aktiven Anteil an der Revolution von 1848; verwundet, gefangen und in den Kerker geworfen wurde er von dem damals auf der Universität Bonn studierenden (und seitdem in Nordamerika lebenden, wohlbekannten Publizisten und Politiker) Karl Schurz im Jahre 1850 befreit. Kinkels Gedichte sind ernst, dabei anmutig und tiefgefühlt.

Wegen seiner revolutionären Gedichte „Unpolitische (!) Lieder" gehört auch **Hoffmann von Fallersleben**[151] (1798—1874) zu dieser demokratischen Dichtergruppe. Seine Lieder, welche tiefes Gefühl atmen, eine vollendete Form zeigen und sich vorzüglich zum Gesang eignen, besingen alles Schöne in Natur und Leben: den Frühling, die Liebe, die Religion, das Vaterland, das Volksleben und die Interessen der Kinderwelt. Allgemein bekannt und vielgesungen ist sein Vaterlandslied

„Deutschland, Deutschland über alles,
Über alles in der Welt,
Wenn es stets zu Schutz und Trutze
Brüderlich zusammenhält,
Von der Maas bis an die Memel,
Von der Etsch bis an den Belt —
Deutschland, Deutschland über alles,
Über alles in der Welt..."

Einer der hervorragendsten Führer der demokratischen Partei und zugleich der bedeutendste Dichter dieser Gruppe war Ferdinand **Freiligrath**[152] (1810—1876) „der deutsche John Greenleaf Whittier". Wegen seiner revolutionären Gedichte („Die Toten an die Lebendigen" und „Neue politische und soziale Gedichte") mußte er Deutschland verlassen; im Begriff, einer Einladung seines Freundes Henry W. Longfellow zu folgen und sich nach Nordamerika einzuschiffen, trieb ihn das Schicksal nach England, wo er dann lange Jahre in London lebte. — Freiligrath ist ein Meister der Sprache und der Melodie. Er ist auch der erste deutsche Dichter, der die geographische Dichtung in die Lyrik eingeführt hat: seine Landschaftsbilder aus Arabien und Afrika („Der Löwenritt" — „Das Gesicht des Reisenden"), aus den Savannen Amerikas wie aus dem tropischen Urwald sind mit prächtigen Farben und magischer Kraft gemalt, weshalb er uns oft lebhaft an die amerikanischen Naturdichter William C. Bryant und Henry D. Thoreau erinnert. — In seinen vaterländischen Gedichten spiegelt sich überall die Liebe eines echt deutschen Herzens zur alten Heimat; man höre nur seinen Mahnruf an „Die Auswanderer":[153]

>... „O sprecht, warum zogt ihr von dannen?
>Das Neckarthal hat Wein und Korn;
>Der Schwarzwald steht voll finstrer Tannen,
>Im Spessart klingt des Älplers Horn."
>
>„Wie wird es in den fremden Wäldern
>Euch nach der Heimatberge Grün,
>Nach Deutschlands gelben Weizenfeldern,
>Nach seinen Rebenhügeln zieh'n!..."

Freiligrath ist auch ein vortrefflicher Übersetzer englischer und amerikanischer Dichtungen. So hat er schon im Jahre 1856, also ein Jahr nach dem Erscheinen des Originalgedichts, Longfellows „Sang von Hiawatha" ins Deutsche übertragen; so hat er durch die Verdeutschung von Felicia Hemans gedankenreichem epischem Gedicht "The Forest Sanctuary" („Waldheiligtum") die deutsche Dichtung in erfreulicher Weise bereichert, und so hat er auch die schönsten Lieder von Robert Burns in Deutschland eingebürgert. Jeder gebildete Deutsche kennt solche Gesänge wie

>„Mein Herz ist im Hochland, mein Herz ist nicht hier..."
>(My heart 's in the Highlands, my heart is not here), oder
>
>„Mein Lieb ist eine rote Ros'..."
>(O my luve 's like a red, red rose), oder
>
>„John Anderson, mein Lieb, John..."
>(John Anderson, my jo, John), oder
>
>„Mein Herz ist schwer, Gott sei's geklagt!
>Mein Herz ist schwer für Einen..."
>(My heart is sair — I dare na tell —
>My heart is sair for somebody), oder

Trotz alledem (For a' that and a' that):

>„Ob Armut euer Los auch sei,
>Hebt hoch die Stirn, trotz alledem!
>Geht kühn dem feigen Knecht vorbei,
>Wagt's arm zu sein trotz alledem!
>Trotz alledem und alledem,
>Trotz niederm Plack und alledem,
>Der Rang ist das Gepräge nur,
>Der Mann das Gold trotz alledem..."

Im vierten Band seiner Werke findet sich auch eine Biographie des amerikanischen Dichters W a l t W h i t m a n; ebenso war Freiligrath der erste, der seine Landsleute mit den Dichtungen des jetzt in Deutschland sehr beliebten und vielgelesenen Novellisten B r e t H a r t e bekannt gemacht hat.

Die schwäbischen Dichter. — Während die Romantiker Norddeutschlands ihre Augen rückwärts richteten und das Mittelalter zum Gegenstand ihrer Dichtung machten, und während die politischen Dichter vorwärts schauten und für eine neue Zeit mit neuen freiheitlichen Institutionen in Staat und Kirche fochten, da sangen in Süddeutschland eine Reihe von Dichtern, welche ihr Interesse besonders dem Leben der unteren Volksklassen mit seinen einfachen und naturgemäßen Zuständen schenkten. Diese schlossen sich an den größten unter ihnen, an Uhland, als ihren Führer an und wurden nach ihrer engeren Heimat (Schwaben) „d i e s c h w ä b i s c h e n D i c h t e r" genannt. Die bekanntesten von ihnen sind: U h l a n d, S c h w a b, K e r n e r und H a u f f.

Ludwig **Uhland**[164] (1787—1862) ist nächst Schiller der populärste Dichter Deutschlands. Seine Lieder sind einfach und herzlich und dabei so melodisch, daß sie zum Singen einzuladen scheinen. Dieselben sind von den bedeutendsten Komponisten wie Kreutzer, Silcher, Schumann und Mendelssohn in Musik gesetzt und wahre Volkslieder geworden. Tausende in Deutschland singen, ohne den Namen des Dichters zu wissen, das Lied vom guten Kameraden:

„Ich hatt' einen Kameraden..."

oder das Wanderlied von „D e r W i r t i n T ö c h t e r l e i n":

„Es zogen drei Bursche wohl über den Rhein..."

Das Glück des Frühlings und die Lust des Sommers lacht uns aus Uhlands Naturliedern an, während sich ein schwermütiger Ton in seiner „K a p e l l e" ausspricht:

„Droben stehet die Kapelle,
Schauet still ins Thal hinab;
Drunten singt bei Wies' und Quelle
Froh und hell der Hirtenknab'..."

Frisch und lebendig sind seine Balladen und Romanzen, welche mit Vorliebe mittelalterliche Stoffe behandeln, und die darum nicht mit Unrecht „die schönsten und gesundesten Früchte der Romantik" genannt worden sind. In aller Munde sind solche Balladen wie „D e s S ä n g e r s F l u c h":

[Seit 1832] Die siebente Periode der deutschen Litteratur.

> „Es stand in alten Zeiten ein Schloß so hoch und hehr..."

ober „**Der blinde König**" oder die durch Longfellows meisterhafte Übersetzung auch in England und Amerika eingebürgerten Gedichte „**Das Schloß am Meere**" ("The Castle by the Sea") und „**Das Glück von Edenhall** ("The Luck of Edenhall"). — Ereignisse aus der älteren Geschichte Württembergs verherrlicht er in solchen Romanzen wie „**Graf Eberhardt, der Rauschebart**", „**Die Linde von Hirsau**", „**Der Schenk von Limburg**", sowie in der durch den köstlichsten trockenen Humor sich auszeichnenden poetischen Erzählung „**Schwäbische Kunde**". —

Ein intimer Freund Uhlands war Gustav **Schwab**[155] (1792—1850), welcher im epischen und lyrischen Gedicht bedeutend, in der poetischen Erzählung aber geradezu ein Meister war. Eines seiner bekanntesten Gedichte ist „**Das Gewitter**":

> „Urahne, Großmutter, Mutter und Kind
> In dumpfer Stube beisammen sind..."

in welchem er in ergreifender Weise erzählt, wie während eines Gewitters vier Generationen einer und derselben Familie gleichzeitig durch einen Blitzstrahl getötet wurden. Das wehmütige Gefühl des alten Studenten, der nach Beendigung seiner akademischen Studien die Universität verlassen und ins praktische Leben eintreten muß, findet beredten Ausdruck in dem beliebten Studentenlied

> „Bemooster Bursche zieh' ich aus, ade!..."

Auch Justinus **Kerner**[156] (1786—1826), der Spiritualist und Geisterseher, war ein lebenslanger Freund Uhlands, mit dem er die Freude am Volkslied gemein hat. Frei, kunstlos und natürlich bewegen sich seine Gedichte, von welchen das zum Volkslied gewordene Wanderlied

> „Wohlauf noch getrunken den funkelnden Wein!
> Ade nun, ihr Lieben! Geschieden muß sein..."

noch heute viel gesungen wird. —

Das schwäbische Herz mit seiner Wärme und Innigkeit des Gefühls besitzt auch Wilhelm **Hauff**[157] (1802—1827), der leider allzu früh verstorbene Lyriker, Märchenerzähler und Novellist. Einige seiner Lieder sind im wahrsten Sinne des Wortes Volkslieder geworden; zu diesen gehört „**Reiters Morgengesang**":

> „Morgenrot!
> Leuchtest mir zum frühen Tod?
> Bald wird die Trompete blasen,
> Dann muß ich mein Leben lassen,
> Ich und mancher Kamerad..."

überall in Deutschland singt man „Soldatenliebe":

> „Steh' ich in finst'rer Mitternacht
> So einsam auf der stillen Wacht,
> So denk' ich an mein fernes Lieb,
> Ob mir's auch treu und hold verblieb..."

Als Novellist ist Hauff am erfolgreichsten gewesen in seinem historischen Roman „Lichtenstein", in welchem er, im Sinne Walter Scotts, eine Periode aus der Geschichte seiner Heimat Schwaben unter Herzog Ulrich von Württemberg (1487—1550) poetisch fixiert hat. —

Obgleich nicht in Schwaben sondern am Oberrhein geboren, so kann doch auch Berthold **Auerbach**[158] (1812—1882) zu der Gruppe der schwäbischen Dichter gezählt werden, da er mit diesen das Interesse für das Leben des Volkes im Kampfe ums Dasein gemein hat. In seinen humorvollen „Schwarzwälder Dorfgeschichten" entwirft er ein treues Bild von dem Land, dem Leben und den Leuten im Schwarzwald; namentlich zeigt er in diesen originell und fesselnd geschriebenen Erzählungen seine Meisterschaft in der Schilderung von Gemütszuständen und psychologisch interessanten Charakteren. Die Dorfgeschichten fanden allgemeinen und verdienten Beifall und wurden in fast alle europäischen Sprachen übersetzt. Später hat er die Dorfnovelle und den in den höheren Kreisen der Gesellschaft sich bewegenden Salonroman in seinen größeren Werken „Auf der Höhe" und „Das Landhaus am Rhein" mit Erfolg vereinigt. —

Denselben volkstümlichen Charakter tragen die Dichtungen der Schweizer Novellisten Zschokke und Keller.

Heinrich **Zschokke**[159] (1771—1848), ein Norddeutscher von Geburt, hat den größten Teil seines Lebens in der Schweiz zugebracht. Die Charaktere seiner Novellen, obgleich idealisiert, sind dem realen Leben entnommen. Er verbindet gern eine Moral mit seinen Geschichten; so bestätigt seine beliebteste Dorfnovelle „Das Goldmacherdorf" die alte Wahrheit, daß Bildung zu Glück und Wohlstand führt. — Von seinen historischen Romanen, in denen er, wie Hauff, den Wegen Walter Scotts folgt, ist „Der Freihof von Aarau" der bedeutendste. — Aus seiner Feder stammt auch „Stunden der Andacht", ein religiöses Erbauungsbuch, das seiner Zeit ungemein populär und in jeder deutschen Familie zu finden war. —

In jeder Beziehung origineller und größer als Zschokke ist Gottfried Keller[160] (1819—1890), welcher seinen Ruf als Novellist durch seinen vierbändigen Roman „Der grüne Heinrich" begründete und dessen Erzählungen „Die Leute von Seldwyla" geradezu ideale Dorfgeschichten sind. —

[Seit 1832] Die siebente Periode der deutschen Litteratur. 57

Die Dialektdichter. — Zu den Dichtern, welche ihre Werke ganz oder teilweise in dem Dialekte ihres Heimatdistriktes, anstatt in der von der Litteratur sanktionierten hochdeutschen Schriftsprache, geschrieben haben, gehören Hebel, Holtei, Groth und Reuter.

Johann Peter **Hebel**[161] (1760—1826) kleidete seine „Allemannischen Gedichte" in die oberrheinische oder allemannische Dialektsprache, während sein „**Schatzkästlein des rheinischen Hausfreundes**", eine Sammlung prächtiger volkstümlicher Erzählungen, in hochdeutscher Sprache abgefaßt ist. — Den schlesischen Dialekt wandte Karl von **Holtei**[162] (1798—1880) in seinen „Schlesischen Gedichten" an; im plattdeutschen Dialekt von Holstein schrieb Klaus **Groth**[163] (geboren 1819) seine Gedichtsammlung „**Quickborn**", während Fritz **Reuter**[164] (1810—1874) durch Anwendung des mecklenburger Plattdeutsch die größten Erfolge erzielte in seinen humoristischen Erzählungen „**Ut de Franzosentid**" (= Aus der Franzosenzeit), „**Ut mine Festungstid**" (= Aus meiner Festungszeit) und „**Ut mine Stromtid**" (= Aus meiner Landwirtzeit). —

Andersen und Storm haben, obgleich in **Dänemark** geboren, doch die deutsche poetische Litteratur um einige ihrer herrlichsten Schätze bereichert:

Hans Christian **Andersen**[165] (1805—1875) schrieb seine „**Märchen**", mehrere Romane, sowie sein farbenprächtiges „**Bilderbuch ohne Bilder**", eine Reihe interessanter Skizzen von dem, „was der Mond erzählte", im elegantesten Hochdeutsch; ebenso hat sich der Schleswiger Theodor **Storm**[166] (1817—1888) den Namen eines ganz bedeutenden deutschen Dichters und Novellisten erworben durch seine Gedichte, sowie durch seine zahlreichen Prosa-Erzählungen, von welchen die reizende Novellette „**Immensee**" unbestritten das zarteste Produkt seiner Feder ist. —

Die östreichischen Dichter. — Bis zu Anfang dieses Jahrhunderts stand das katholische Östreich an poetischer Produktionskraft weit hinter dem protestantischen Norden zurück. Erst die romantische Schule mit ihrem Kultus des Mittelalters und mit ihrer Verherrlichung der Kirche von Rom rief eine ungeahnte dichterische Thätigkeit in Östreich hervor, deren verschiedene Richtungen durch Männer wie Grillparzer, Zedlitz, Lenau, Grün, Stifter, Vogl, Seidl, Hamerling, Feuchtersleben u. a. würdig repräsentiert werden.

Der größte Dramatiker Östreichs ist Franz **Grillparzer**[167] (1791—1872), dessen Dramen („**Die Ahnfrau**", „**Medea**", „**Sappho**", „**das goldene Vlies**", „**König Ottokars Glück und Ende**") sich durch Jugendfrische

und meisterhafte Charakteristik auszeichnen, während seine Tragödie „D e s
M e e r e s u n d d e r L i e b e W e l l e n", welche die Sage von H e r o und
L e a n d e r behandelt, ein würdiges Seitenstück zu Shakespeares „Romeo
und Julia" bildet. —

Aus dem Boden der Romantik erwuchsen die lyrischen Dichtungen des
Freiherrn J o s e p h C h r i s t i a n von **Zedlitz**[168] (1790—1862), dessen
schöngeformter Liedercyklus „T o t e n k r ä n z e" den Leser zu den Gräbern
berühmter Männer wie Napoleon, Wallenstein, Shakespeare, Tasso, Goethe
u. s. w. führt und dort zu ernsten Betrachtungen auffordert. In seiner bekanntesten Ballade „D i e n ä c h t l i c h e H e e r s c h a u" bringt er seine
Schwärmerei für Napoleon zum Ausdruck, wie dies sein norddeutscher Zeit-
genosse Heinrich Heine in der Ballade „Die Grenadiere" that. — Zedlitz hat
sich außerdem durch eine recht gute Verdeutschung von Lord Byrons "Childe
Harold" bekannt gemacht. —

Eine echte Dichternatur, wie es deren nur wenige gegeben hat, war
N i k o l a u s **Lenau**[169] (1802—1850). Leider spielte die Melancholie,
die er selbst seine „treueste Begleiterin durchs Leben" nennt, in seinen
Dichtungen eine zu große Rolle. „Unter Thränen wurde seine Poesie in der
Einsamkeit geboren, der Schmerz war ihr Vater und die Sehnsucht ihre
Mutter." Europamüde verließ er sein Vaterland und ging im Jahre 1832
nach Nordamerika, wo er eine zweite Heimat zu finden hoffte; aber enttäuscht
kehrte er schon im nächsten Jahre wieder nach Hause zurück: Auch in dem
„L a n d e d e r F r e i h e i t, d e m d e r W e i n u n d d i e N a c h t i g a l l
f e h l t" hatte er die Ruhe seiner Seele nicht gefunden. Die Gedichte „Der
Urwald", „Das Blockhaus", „Niagara", „Die drei Indianer", „Meeresstille"
u. a. sind die poetischen Früchte dieser Reise nach der neuen Welt. — Den
höchsten Effekt erreicht Lenaus L y r i k in der Naturmalerei, deren duftigste
Blüten seine „S c h i l f l i e d e r" sind:

1.
„Drüben geht die Sonne scheiden,
Und der müde Tag entschlief;
Nieder hangen hier die Weiden
In den Teich, so still, so tief..."

2.
„Trübe wird's, die Wolken jagen,
Und der Regen niederbricht,
Und die lauten Winde klagen:
Teich, wo ist dein Sternenlicht?..."

3.
„Auf geheimem Waldespfade
Schleich' ich gern im Abendschein
An das öde Schilfgestade,
Mädchen, und gedenke dein!..."

4.
„Sonnenuntergang;
Schwarze Wolken zieh'n,
O wie schwül und bang
Alle Winde flieh'n!..."

5.
„Auf dem Teich, dem regungslosen,
Weilt des Mondes heller Glanz,
Flechtend seine bleichen Rosen
In das Schilfes grünen Kranz..."

[Seit 1832] **Die siebente Periode der deutschen Litteratur.**

Voll Kraft und dramatischen Feuers sind seine **Balladen** und **Romanzen**, in welchen er mit Vorliebe Land und Leute aus seiner ungarischen Heimat besingt („**Die drei Zigeuner**", „**Der Postillon**", „**Die Werbung**", „**Die Heideschenke**"). —

Lenaus intimer Freund und Östreichs bedeutendster politischer Dichter war **Anastasius Grün**,[170] pseudonym für: Anton Graf von Auersperg (1806—1876), einer der hervorragendsten Führer der liberalen Partei im Lande. In direktem Gegensatz zu Lenaus schwermütiger Weise schildert Anastasius Grün in lichten Bildern und blumigen Gleichnissen die damaligen traurigen politischen und sozialen Verhältnisse Östreichs in der freisinnigen, humorvollen und formvollendeten Dichtung „**Spaziergänge eines Wiener Poeten**". Grün ist Optimist; selbst inmitten der politischen Finsternis seines Vaterlands ruft er siegesgewiß aus: „**Freiheit ist die große Losung, deren Klang durchjauchzt die Welt**"; er weiß, daß der Tag kommen muß, wo aus den Trümmern der Kerker- und Klostermauern die Rosen der Freiheit sprießen werden. — In dem Romanzenzyklus „**Der letzte Ritter**" feiert er das Andenken Kaiser Maximilians I. (1493—1519), während Freiheit, Liebe und Natur das Thema seiner kleineren Gedichte bilden. Als Übersetzer hat sich Grün verdient gemacht durch seine vortreffliche Verdeutschung der alten englischen Balladen von Robin Hood. —

Prächtige idyllische Landschaftsbilder aus seiner böhmischen Heimat entwirft **Adalbert Stifter**[171] (1805—1868) in seiner Novellensammlung „**Studien**"; obschon arm an Handlung wirken dieselben doch bezaubernd durch frischen Natursinn und feine Psychologie. —

Nepomuk Vogl[172] (1802—1866) „der Vater der östreichischen Ballade" ist der Dichter des vielgesungenen Liedes „**Das Erkennen**":

„Ein Wanderbursch mit dem Stab in der Hand,
Kommt wieder heim aus dem fremden Land'..."

Ein anderer bedeutender Balladendichter ist **Georg Seidl**[173] (1804—1875), dessen Gedichte sich durch Gefühlstiefe und Vaterlandsliebe auszeichnen. Weit bekannt sind seine Balladen „**Hans Euler**" und „**Der tote Soldat**"; er ist auch der Dichter der östreichischen Nationalhymne „**Gott erhalte Franz den Kaiser**" im Anschluß an die schon früher von Haydn komponierte Melodie. —

Eins der gewaltigsten und zugleich vielseitigsten dichterischen Talente unserer Zeit war der östreichische Lyriker, Epiker und Dramatiker **Robert Hamerling**[174] (1830—1889). Seine Lieder sind vollendet in Form und Inhalt, während seine epischen Gedichte und Dramen farbenprächtig, voller Handlung und tiefer Gedanken sind und sich durch konsequent durchgeführte Charakterzeichnung der Personen hervorthun. —

Neben dem demokratisch-politischen Lyriker **Moritz Hartmann**[175] (1821—1872) und dem als Lyriker und Dramatiker („**Griseldis**", „**Der Fechter von Ravenna**") gleich bedeutenden **Friedrich Halm**[176] (1806—1871) ist Alfred von **Meißner**[177] (1822—1885) zu nennen, dessen Lehrmeister und Ideal in der Poesie Lord Byron war, und der in einem seiner schönsten Gedichte („**Eine Bestattung**") den beklagenswerten Tod, die Leichenverbrennung und feierliche Beisetzung der Asche des unglücklichen englischen Dichters Percy B. Shelley auf dem protestantischen Friedhofe nahe der Pyramide des Cestius in Rom (wo auch der Maler Carstens und Goethes Sohn August begraben liegen) besungen hat. —

Als letzter in der Reihe der östreichischen Dichter der Neuzeit sei Ernst von **Feuchtersleben**[178] (1806—1849) erwähnt, der Dichter des ungemein beliebten und tiefgefühlten Scheideliedes

„Es ist bestimmt in Gottes Rat,
Daß man vom liebsten, was man hat,
Muß scheiden.
Wiewohl doch nichts im Lauf der Welt
Dem Herzen, ach! so sauer fällt
Als Scheiden..."

Die Dichter der Gegenwart. — Unter der großen Zahl der deutschen Dichter, deren Leben und Wirken bis auf die allerneueste Zeit herabreicht, sind die bedeutendsten **Geibel, Bodenstedt, Roquette, Scheffel, Baumbach, Heyse, Spielhagen, Freytag, Schücking, Dahn, Ebers,** („**Sealsfield**", **Gerstäcker,**) **Gottschall** und **Wildenbruch.**

Ohne Zweifel war Emanuel **Geibel**[179] (1815—1884) der gefeiertste deutsche Lyriker unserer Tage; seine in Sprache und Form vollendeten Lieder schließen sich auch inhaltlich dem Geiste der Zeit an und sind überaus populär. In aller Munde ist sein Wanderlied

„Der Mai ist gekommen
Die Bäume schlagen aus..."

Melodie der Sprache und Glut der Empfindung treten besonders hervor in dem vielgesungenen Liede „**Der Zigeunerbube im Norden**":

„Fern im Süd das schöne Spanien,
Spanien ist mein Heimatland,
Wo die schattigen Kastanien
Rauschen an des Ebro Strand;

> Wo die Mandeln rötlich blühen,
> Wo die heiße Traube winkt,
> Und die Rosen schöner glühen,
> Und das Mondlicht goldner blinkt...."

Zart und duftig sind auch viele von Geibels Liebesliedern; so das bekannte

> „Wo still ein Herz in Liebe glüht,
> O rühret, rühret nicht daran!...."

oder das wehmutvolle:

> „Wenn sich zwei Herzen scheiden,
> Die sich dereinst geliebt,
> Das ist ein großes Leiden,
> Wie's größres nimmer giebt...."

Voll dramatischen Feuers und tiefer psychologischer Einsicht ist die poetische Erzählung „Der Tod des Tiberius". — Bedeutend sind auch Geibels Tragödien „Brunhilde" und „Sophonisbe". —

Der Lyriker Friedrich von **Bodenstedt**[180] (1819—1892) bereiste in jungen Jahren den Orient und veröffentlichte als eine poetische Frucht dieser Reise „Die Lieder des Mirza Schaffy", des Philosophen von Tiflis, in welchen er im Geiste von Goethes „Westöstlichem Divan" und Rückerts „Weisheit des Brahmanen" ein treues Bild orientalischen Denkens und Fühlens entrollt. Diese meist kurzen aber ausdrucksvollen Lieder (Aphorismen und Sentenzen) behandeln fast alle das Thema „Wein — Weib — Gesang", welches der Dichter bald in glühender Leidenschaft, bald zart und sentimental, bald in humoristischer Weise variiert. Neckische Laune spricht aus seinem Lied von den Augen:

> Ein graues Auge — ein schlaues Auge;
> Auf schelmische Launen deuten die braunen;
> Des Auges Bläue bedeutet Treue;
> Doch eines schwarzen Aug's Gefunkel
> Ist stets wie Gottes Wege dunkel."

Hell und lebensfroh jauchzt er auf in seinem „Frühlingslied":

> „Wenn der Frühling auf die Berge steigt
> Und im Sonnenstrahl der Schnee zerfließt,
> Wenn das erste Grün am Baum sich zeigt
> Und im Gras das erste Blümlein sprießt,
> Wenn vorbei im Thal
> Nun mit Einem mal
> Alle Regenzeit und Winterqual —
> Schallt es von den Höh'n
> Bis zum Thale weit:
> ‚O wie wunderschön
> Ist die Frühlingszeit!'...."

Otto **Roquette**[181] (geboren 1824) hat sich durch sein reizendes humoristisch-idyllisches Rhein-, Wein- und Wandermärchen „**Waldmeisters Brautfahrt**" (1851) vorteilhaft in die poetische Litteratur eingeführt:

Prinz Waldmeister wird auf der Fahrt zu seiner Braut, der Prinzessin Rebenblüte, der Tochter des Königs Feuerwein, von einem alten Professor der Botanik angetroffen, in die grüne Botanisierkapsel gesteckt und mitgenommen. Um den Gefangenen zu befreien, fallen alle Waldkräuter, die Trabanten des Prinzen, über den Professor her, als dieser in seinem Nachtquartier angekommen ist und brennen, stechen und quälen denselben so lange, bis er den Prinzen Waldmeister freiläßt, worauf letzterer frohgemut seine Reise fortsetzt und bald darauf Hochzeit mit seiner Braut Rebenblüte hält. —

Im Jahre 1876, — genau 25 Jahre nach „Waldmeisters Brautfahrt", — erschien von demselben Dichter „**Waldmeisters silberne Hochzeit**". —

Jugendmut und Wanderlust durchwehen manche schönen Lieder von Roquette, so sein „**Wanderlied**":

„O wär' ich am Neckar,
O wär' ich am Rhein!..."

oder sein beliebtes und vielgesungenes

„Noch ist die blühende, goldene Zeit;
O du schöne Welt, wie bist du so weit!..."

Einer der originellsten Dichter der neuesten Zeit ist **Joseph Viktor Scheffel**[182] (1826—1886), der erklärte Liebling Deutschlands, besonders der akademischen Jugend, deren freies und frohes Studentenleben er nach jeder Richtung hin besungen hat. Deutsch sind die Stoffe in allen Dichtungen Scheffels, deutsch sind seine Männer und Frauen in ihrer Einfachheit, Wahrheit und Treue, mit ihrem fühlenden Herzen und tiefem Verständnis für das Leben der Natur; deutsch ist vor allem der Dichter selbst mit seiner Sehnsucht nach Italien, mit seinem gutmütigen Humor und seinen Sympathieen für das burschikose Studentenleben. Voll kräftigen, herzerfrischenden Humors ist seine Liedersammlung "Gaudeamus", während sein „**Ekkehard**", einer der besten historischen Romane der Neuzeit, ein lebendiges Bild der Kultur des 10. Jahrhunderts entwirft. Das populärste deutsche Gedicht der Gegenwart ist Scheffels Epos „**Der Trompeter von Säkkingen**", in welchem er frisch und „lerchenfröhlich" Scenen aus dem deutschen und italienischen Volksleben des 17. Jahrhunderts vor unsern Augen entrollt:

Trompeter von Säkkingen.

Zur Zeit des 30jährigen Krieges studierte in Heidelberg Werner Kirchhof, welcher von der Universität entfernt wurde, weil er der Kurfürstin Leonore von der Pfalz in jugendlichem Übermut seine Liebe erklärt hatte. Mit seiner Trompete, die er meisterhaft bläst, zieht er nun als wandernder Musikant durch den Schwarzwald nach dem Oberrhein, wo er bei Gelegenheit eines Kirchenfestes die schöne Margareta, die Tochter des alten Barons von Säk= kingen, erblickt und von heißer Liebe zu ihr ergriffen wird. Als Trompeter tritt er in ihres Vaters Dienste, dessen Gunst er sich ganz besonders durch die heldenmütige Verteidigung der Burg gegen die rebellischen Bauern erwirbt. Im Kampfe schwer verwundet wird sein Leben nur durch Margaretas sorgsame Pflege erhalten. Als es bald darauf zwischen beiden zu einer gegenseitigen Liebeserklärung kommt, trennt Margaretas Vater die beiden Liebenden, einzig und allein aus dem Grunde, daß Werner nicht von Adel ist. Dieser verläßt nun die Dienste des Barons und kommt schließlich nach mancherlei Irrfahrten und Abenteuern nach Rom, wo er Kapellmeister des päpstlichen Orchesters wird. — Fünf Jahre sind seitdem verflossen. Margareta härmt sich und welkt schnell dahin; die Fürstabtissin des benachbarten Klosters überzeugt den alten Baron, daß eine Luftveränderung seiner Tochter gut thun werde, und so gehen denn die beiden Damen unter Begleitung des alten Anton, eines bewährten Dieners des Barons, über die Alpen nach Italien. In Rom sieht Margareta in der Peterskirche bei Gelegenheit einer feierlichen Hochmesse Werner an der Spitze des päpstlichen Orchesters. Das unverhoffte Wiedersehen des Geliebten überwältigt sie so, daß sie ohnmächtig in der Kirche niedersinkt. Papst Innocenz XI., ein liebenswürdiger und jovialer Herr, hört von dem Vorfall und von der hoffnungslosen Liebe der deutschen Dame für seinen Kapellmeister; er erhöht Werner Kirchhof zum Marchese "Camposanto" (Kirchhof) und über= zeugt, daß Margaretas Vater nun keine weiteren Einwendungen gegen diesen adeligen Schwiegersohn machen werde, verlobt der Papst selbst das glückliche Paar.

In diese Liebesgeschichte sind eine Reihe der duftigsten lyrischen Gedichte eingewoben; so das von Werner gesungene Studentenlied:

"Alt Heidelberg, du feine,
Du Stadt an Ehren reich,
Am Neckar und am Rheine
Kein' andre kommt dir gleich. . . ."

Zu den Liedern Werners gehört auch das unbeschreiblich schöne, unge= mein beliebte und jetzt vielgesungene Abschiedslied

"Das ist im Leben häßlich eingerichtet,
Daß bei den Rosen gleich die Dornen steh'n,
Und was das arme Herz auch sehnt und dichtet,
Zum Schlusse kommt das Voneinandergeh'n.
In deinen Augen hab' ich einst gelesen,
Es blitzte drin von Lieb und Glück ein Schein:
Behüet dich Gott! es wär' zu schön gewesen,
Behüet dich Gott, es hat nicht sollen sein! . . ."

Auch die philosophischen Betrachtungen des vom Dichter als komisches Element in das Epos eingeführten Schloßkaters "Hiddigeigei" sind vom köstlichsten Humor durchwürzt und verbreiten unendliches Behagen um sich;

besonders gelungen sind die Bemerkungen Hibbigeigeis, dieser „selbstbewußten epischen Charakterkatze" da, wo er als zufälliger Augenzeuge des Kusses, durch welchen Werner seiner Liebe zu Margareta Ausdruck giebt, in die Worte ausbricht:

>„Warum küssen sich die Menschen?
>'S ist nicht Haß, sie beißen sich nicht,
>Hunger nicht, sie fressen sich nicht...
>Warum also, frag' umsonst ich,
>Warum küssen sich die Menschen?...
>Über diese Punkte werd' ich
>Morgen auf des Daches Giebel
>Etwas näher meditieren...."

Der genialste von Scheffels Schülern und Nachfolgern ist **Rudolf Baumbach**[163] (geboren 1841), einer der liebenswürdigsten Dichter und Erzähler der Jetztzeit. Alle seine Dichtungen, in Prosa und Vers, zeichnen sich durch denselben frischen Humor, dieselbe gutmütige Satire, natürliche Anmut und gesunde Freude am Leben aus, welche der Scheffelschen Muse eigen sind. Ohne die geringste Prätension sendet er seine Lieder in die Welt hinaus; er singt nicht, um Reichtum, Ehre und Ruhm in der Welt zu gewinnen, sondern frei und leicht und aus Liebe zum Gesang; sagt er doch selbst in seinen „**Liedern eines fahrenden Gesellen**":

>Der feilt an einer Elegie,
>Der schmiedet eine Fabel, —
>Ich singe in die Winde, wie
>Gewachsen mir der Schnabel.
>
>Ich hab's gelernt im grünen Wald
>Beim Rauschen alter Föhren,
>Und wem mein Singsang nicht gefällt,
>Der braucht nicht zuzuhören...."

Baumbachs Erzählungen, welche sich in den Novellettensammlungen „**Sommermärchen**" und „**Märchen und Erzählungen**" finden, sind in höchst anmutiger Sprache geschrieben und bieten dem Leser einen Inhalt, der das Interesse von Anfang bis Ende in Spannung erhält und mit seinem lichtvollen Humor das Herz erfreut. —

Der kunstreichste Meister unter den jetzt lebenden Novellisten Deutschlands ist **Paul Heyse**[164] (geboren 1830), der Jugendfreund Geibels und Scheffels. Seine Romane sowohl („**Die Kinder der Welt**", „**Im Paradiese**") wie auch ganz besonders seine zahlreichen Novellen („**L'Arrabbiata**", „**Marion**", „**Anfang und Ende**" u. a.) sind in Charakterzeichnung, Entwicklung der Handlung sowie in Lösung psychologischer Probleme Kunstwerke ersten Ranges. —

Auch **Friedrich Spielhagen**[165] (geboren 1829) ist ein geschätzter Erzähler. Seine Hauptstärke liegt im Zeitroman, in dem er mit klarem

Blicke brennende Tagesfragen, wie Frauenrechte, Emanzipation der Arbeiter, die sozialistische und Associationsfrage, Freihandel und Schutzoll und ähnliche soziale Interessen poetisch behandelt. („**Problematische Naturen**", „**In Reih und Glied**", „**Hammer und Amboß**", „**Sturmflut**".) — Spielhagen hat sich auch als Übersetzer einen Namen gemacht; in seiner Sammlung „**Amerikanische Gedichte**" bringt er in deutschen Versen eine Auswahl von Liedern von Bryant, Longfellow, Poe, Bayard Taylor, Emerson, Stoddard u. s. w. —

Der „deutsche Walter Scott" auf dem Gebiete des **patriotischen Romans** ist Wilibald **Alexis**,[166] pseudonym für „Wilhelm Häring" (1798 —1871). Wie Walter Scott in seinen "Waverley Novels" so hat er in seinen 8 Bänden „**Vaterländische Romane**" Epochen aus der Geschichte seiner Heimat (Mark Brandenburg) mit scharfer Charakteristik und kräftiger Sprache behandelt und treue Natur- und Sittenschilderungen entworfen. Wilibald Alexis ist einer der besten deutschen Romanschriftsteller und schon jetzt sind viele Kritiker geneigt, ihn an Bedeutung über Walter Scott zu stellen. —

Der vaterländische Roman.

Einer der hervorragendsten Vertreter des **historischen Romans** ist Gustav **Freytag**[157] (geboren 1816), „der deutsche Thackeray", der Idealnovellist der gebildeten und besitzenden Mittelklassen, wie ihn der Literarhistoriker Johannes Scherr nennt. Er begann seine dichterische Thätigkeit mit dramatischen Arbeiten (Schauspiel: „**Die Valentine**" — Lustspiel: „**Die Journalisten**", welch letzteres zu den besten Produktionen der neueren deutschen Komödie gehört). Seine Zeitromane „**Soll und Haben**" und „**Die verlorne Handschrift**" behandeln, wie die Romane Spielhagens, in origineller Weise die wichtigsten Interessen des Tages, ganz besonders den Konflikt zwischen den Prätensionen der an dem Feudalsystem des Mittelalters hängenden Aristokratie mit den praktischen Interessen des Kaufmannsstandes und der Gelehrtenwelt. — Seine „**Bilder aus der deutschen Vergangenheit**" sind farbenreiche, lose an einander gereihte Scenen aus der Kulturentwicklung des deutschen Volkes; dieselben sind, so zu sagen, seine Vorstudien zu dem Hauptwerke seines Lebens, zu dem großen historischen Romancyklus „**Die Ahnen**" gewesen, welcher mit Recht „ein deutsches Nationalepos in Romanform" genannt worden ist.

Der Roman „Die Ahnen" besteht aus einer Reihe freierfundener Geschichten, in welchen die Schicksale einer einzigen deutschen Familie von den dunkeln Zeiten der Völkerwanderung bis auf unsere Tage herab verfolgt wird; und zwar enthält der erste Teil die Geschichte der Urahnen Ingo (um das Jahr 375) und Ingraban (um 725). Der zweite Band der „Ahnen" führt den

Titel „Das Nest der Zaunkönige" und spielt um das Jahr 1000; der Held der Erzählung ist Immo, dessen alte Burg „Mühlburg" von seinen Feinden spöttisch „das Nest der Zaunkönige" genannt wird. Der dritte Teil des Romans heißt „**Die Brüder vom deutschen Haus**", unter welchem Namen die Ritter des deutschen (oder Marien-) Ordens bekannt sind, die sich in den Kreuzzügen auszeichneten und zu denen auch Ivo, der nächste in der Reihe der Ahnen gehörte. Einer von Ivos Nachkommen ist „**Markus König**", welcher zur Zeit der Reformation lebte und der Held des vierten Teiles des Romans ist. Die traurigen Zeiten des 30jährigen Krieges bis zum Beginn des 18. Jahrhunderts schildert der fünfte Teil „**Die Geschwister**", während der letzte Teil des Romans „**Aus einer kleinen Stadt**" die Ereignisse der ersten Hälfte unseres Jahrhunderts von der Erhebung Deutschlands gegen Napoleon bis zum Ausbruch der deutschen Revolution im Jahre 1848 zum historischen Hintergrund hat. —

In einfacher, kerniger Sprache schildert Lewin **Schücking**[168] (1814—1883), Land und Leute seiner westphälischen Heimat. Seine zahlreichen Romane („Ein Schloß am Meere", „Ein Sohn des Volkes", „Die Königin der Nacht", „Ein Staatsgeheimnis", „**Schloß Dornegge**", „**Das Recht des Lebenden**" u. a.) sind von einem gesunden Realismus erfüllt und zeigen einen kräftigen Patriotismus. Durch frischen Humor und philosophische Betrachtungen weiß er das Interesse des Lesers immer von neuem zu beleben und zugleich seinen Stoffen ein tieferes Fundament zu geben. —

In fernen Ländern und Zeiten wurzeln die Erzählungen, welche Dahn und Ebers mit überraschender Realität in ihren historischen Romanen vorführen.

Felix **Dahn**[189] (geboren 1834), Professor an der Universität Königsberg, ist der Verfasser eines der bedeutendsten geschichtlichen Romane der Gegenwart, betitelt „**Ein Kampf um Rom**", in welchem er den Untergang der Ostgoten in Italien unter ihren letzten Königen Totilas und Tejas um das Jahr 550 schildert. —

Georg **Ebers**[190] (geboren 1837), Professor an der Universität Leipzig, führt den Leser mit Vorliebe in das alte Wunderland am Nil und portraitiert in dramatisch-realistischer Weise das soziale Leben, die Sitten und Gewohnheiten, die religiösen, häuslichen, wissenschaftlichen und Kunst-Interessen des Landes der Pharaonen. In sieben von seinen Romanen ist Alt-Ägypten der Schauplatz der Handlung, nämlich in „**Die ägyptische Königstochter**", „**Uarda**", „**Die Schwestern**", „**Der Kaiser**", „**Serapis**", „**Die Nilbraut**" und „**Josua**". Die Lokalität in dem Roman "Homo sum" ist der Berg Sinai, während der Roman „Die

[Seit 1832] Die siebente Periode der deutschen Litteratur. 67

Frau Bürgermeisterin" Episoden aus dem Freiheitskriege der Niederlande gegen Spanien verherrlicht.

Der **Reise-** und **Seeroman** hat seine Hauptrepräsentanten in dem Östreicher „Sealsfield" und in dem Hamburger Gerstäcker, welche in ihren Erzählungen farbenprächtige und lebendige Scenen aus dem nordamerikanischen Leben entworfen haben.

Charles **Sealsfield**,[191] pseudonym für Karl Postl, (1793—1864), „der deutsche John Fenimore Cooper", verbindet in seinen Romanen („Der Legitime und die Republikaner", „Das Kajütenbuch", „Lebensbilder aus der westlichen Hemisphäre", „Deutschamerikanische Wahlverwandtschaften" u. a.) eine gründliche psychologische Kenntnis der menschlichen Natur mit einem geistvollen dramatischen Dialog und einem seltenen Beschreibungstalent. — Sein nächster Geistesverwandter ist Friedrich **Gerstäcker**[192] (1816—1872), welcher, nachdem er in den Jahren 1837—1843 Nordamerika von der kanadischen Grenze bis zum mexikanischen Meerbusen in allen Richtungen durchwandert hatte, seine transatlantischen Erlebnisse in mehreren geographischen und ethnographischen Romanen in spannendster Weise erzählte. („Die Regulatoren in Arkansas", „Die Flußpiraten des Mississippi", „Californische Skizzen u. a.) Leider ist Gerstäcker in seinen Schilderungen amerikanischer Verhältnisse nicht unparteiisch genug, da er geneigter ist, die Schattenseiten als die Vorzüge des amerikanischen Volkscharakters zu sehen. —

Reise- und Seeroman.

Ein vielseitiger Litterat ist Rudolf von **Gottschall**[193] (geboren 1823), welcher sich nicht nur als Lyriker („Oden"), Dramatiker und Novellist, sondern auch als Kritiker und Ästhetiker einen ruhmvollen Namen erworben hat. Seine Hauptstärke liegt im historischen Drama („Mazeppa", „König Karl XII.") und im Lustspiel („Pitt und Fox"). —

Der jüngste in der Reihe der namhaften deutschen Dichter der Gegenwart ist Ernst von **Wildenbruch**[194] (geboren 1845), ein höchst talentvoller und vielseitiger Litterat, welcher mit gleichem Geschick die Gebiete der Epik, Lyrik, Novellistik und Dramatik behandelt. Seine Lieder und Balladen zeichnen sich durch einen edlen, wahrhaft vaterländischen Sinn aus, während seine Novellen („Der Meister von Tanagra" u. a.) und Dramen („Das neue Gebot", „Die Karolinger", „Harold", „Die Quitzows" u. a.) mit Bezug auf Diktion, Komposition, Dialog und Charakterzeichnung zu den Kunstwerken ersten Ranges zählen. —

Litterarische Frauen. — Während vor hundert Jahren nur verhältnismäßig wenige Frauen in Deutschland litterarisch thätig waren, hat sich die Zahl der Schriftstellerinnen dort seitdem so stetig vermehrt, daß man mit Recht sagen kann, daß gegenwärtig das schöne Geschlecht einzelne Zweige der poetischen Litteratur, besonders die Novellistik, fast ausschließlich monopolisiert und ihren Büchermarkt beherrscht.

Gegen Ende des vorigen Jahrhunderts erregte Luise **Brachmann**[195] (1777—1822) allgemeine Bewunderung durch ihre lyrischen und epischen Gedichte, von denen mehrere sogar in Schillers „Horen" und im „Musenalmanach" von 1797 und 1798 veröffentlicht wurden. Weitbekannt ist ihr episches Gedicht „Columbus". —

Auf die Romantiker übten zwei geistreiche Frauen bedeutenden Einfluß aus, nämlich **Rahel**[196] von Ense (1771—1833), die Frau des oben genannten Biographen Varnhagen von Ense, und Elisabeth [„**Bettina**"[197]] von Arnim (1785—1859), die Schwester des Dichters Clemens Brentano, welche von einer an Anbetung grenzenden Bewunderung Goethes („**Goethes Briefwechsel mit einem Kinde**") allmählich zum äußersten Demokratismus überging. —

Durch ihre Gedankenfülle, ihren Reichtum an Stoffen sowie durch die meisterhafte Auswahl des Ausdrucks erregten die Dichtungen des poetischen Wunderkindes Elisabeth **Kulmann**[198] (1808—1825) mit Recht die höchste Bewunderung der Zeitgenossen. —

Luise **Hensel**[199] (1798—1877) war eine stille, zarte, religiöse Natur, deren kindlich-einfache, schlichte und wahre Lieder Volkseigentum geworden sind. Die ganze deutsche Kinderwelt kennt und betet ihr „**Nachtgebet**":

Lyrische und epische Dichterinnen.

„Müde bin ich, geh' zur Ruh',
Schließe beide Äuglein zu.
Vater, laß die Augen dein
Über meinem Bette sein! . . ."

Adelheid von **Stolterfoth**[200] (1800—1875) „die Philomele des Rheines" besang mit herzlicher Freude, edler Begeisterung und schöpferischer Phantasie den schönsten aller deutschen Ströme mit seinen poetischen Sagen und mit seinen Bergen, Burgen und Rebenhügeln („**Rheinische Lieder und Sagen**"):

„Am Rhein weht süßes Leben
Aus längst vergangner Zeit,
Ich sehe Geister schweben
In alter Herrlichkeit. . . ."

Seit 1832] Die siebente Periode der deutschen Litteratur. 69

Elisabeth Glück (geboren 1815), bekannt unter dem Namen „Betty Paoli"[201] hat die poetische Litteratur Deutschlands um einige der schönsten Liebeslieder („Astern") bereichert; diese zeichnen sich durch melodische Sprache und leicht fließenden Versbau aus. —

Alle diese Dichterinnen überragt Annette von Droste=Hülshoff[202] (1797—1848), die genialste deutsche Dichterin, „die Felicia Hemans Deutschlands", eine echt westphälische Natur, einfach und aufrichtig, bescheiden, wohlwollend, treu und hingebend. Ihre Poesie ist malerisch=schön; alles ist Bewegung und Handlung, alles beseelt und belebt; die braune Heide, das Moor, der Weiher, jeder Blütenzweig, jeder Käfer und jede Blume nehmen unter ihren Händen Leben an und halten Zwiesprache mit ihr. Ihre „Heidebilder" — mit den schwarzen Moorgründen und rosenfarbigen Buchweizenfeldern, mit den dunkeln Föhren= und Tannengruppen, mit ihren einsamen Hirtenfeuern und Vogelstellerhütten — sind wahre Meisterstücke landschaftlicher Schilderungen, welche den exotischen Landschaftsbildern Freiligraths würdig zur Seite stehen. — Aus schauerlich=düsterm Hintergrunde erheben sich gleich Phantomen die Gestalten ihrer Balladen, so wie dieselben seit Jahrhunderten in den alten Sagen und Traditionen ihrer westphälischen Heimat gelebt haben. —

Als Repräsentantin der **dramatischen Dichterinnen** Deutschlands kann die überaus produktive aber wenig originale Charlotte Birch=Pfeiffer[203] (1806—1868) gelten, welche die Stoffe zu ihren Dramen mit Vorliebe aus populären deutschen, englischen und französischen Romanen und Novellen nahm; so ist z. B. ihr „Dorf und Stadt" eine Dramatisierung von Berthold Auerbachs Schwarzwälder Dorfgeschichte „Die Frau Professorin"; so ist Charlotte Brontes "Jane Eyre" die Quelle für ihr Drama „Die Waise von Lowood", und so ist auch ihr „Glöckner von Notre=Dame" eine Bühnenbearbeitung von Viktor Hugos "Notre Dame de Paris." —

Dramatische Dichterinnen.

Die Zahl der auf dem Gebiete der **Novellistik** thätigen Frauen ist so ungeheuer groß, daß selbst der Versuch, nur die Namen derselben angeben zu wollen, weit über den Plan dieser Skizze hinausgehen würde:

Zu Schillers und Goethes Zeit schrieb Johanna Schopenhauer[204] (1766—1838), die Mutter des bekannten pessimistischen Philosophen, ihre edlen, gehaltvollen und von männlicher Kraft erfüllten Entsagungsromane, deren Heldinnen gehorsam und willig die Gefühle des Herzens ihren kindlichen, religiösen oder sozialen Pflichten unterzuordnen wissen. Ihr Roman „Gabriele" bietet ein meisterhaftes Charaktergemälde ihrer Zeit. —

Entsagungsroman.

Den aristokratischen **Salonroman** brachte die talentvolle Gräfin Ida von **Hahn-Hahn** [205] (1805—1873) zu einer temporären Blüte, obgleich mehrere ihrer Erzählungen wie „Ilda Schönholm", „Ulrich", „Gräfin Faustine" überreich an Excentricitäten sind und das ruhelos-nervöse Wesen sowie die überreizte Phantasie der Dichterin verraten.

Salonroman. Im Zwiespalt mit der Welt und mit sich selbst glaubte Gräfin Hahn-Hahn den Frieden ihres Herzens und das Heil ihrer Seele in ihrem Übertritt zur katholischen Kirche zu finden; in ihrem Roman „Von Babylon nach Jerusalem" bekennt sie die Irrungen ihres bisherigen Lebens und erzählt sie die Geschichte ihrer Konversion. Von ihr ging übrigens die Idee zur Gründung von Asylen „Vom guten Hirten" aus. —

Die bitterste litterarische Gegnerin der Gräfin Hahn-Hahn war die getaufte Jüdin **Fanny Lewald** [206] (1811—1889), die Frau des Philosophen und Litteraten Adolf Stahr. In ihren zahlreichen Romanen („Die Clementine", „Jenny" u. a.) kämpft sie mit Schärfe und Reife des Urteils für soziale und politische Verbesserungen, besonders für Frauenrechte. Sie ist eine vorzügliche Stilistin, aber ohne Phantasie und Herzenswärme; „sie schreibt mit dem Kopf und nicht mit dem Herzen." —

Der historische Roman. Im historischen Roman hat sich **Luise Mühlbach** [207] (1814—1873), die Frau des „jungdeutschen" Dichters Theodor Mundt, sehr produktiv gezeigt und die Zeiten Friedrichs des Großen von Preußen und Napoleons I. poetisch behandelt. —

Die unter dem Pseudonym „**E. Marlitt**" [208] bekannte Novellistin **Eugenie John** (1825—1887) hat im Familienroman bedeutende Erfolge erzielt. Ihre „Goldelse", „Heideprinzeßchen", „Reichsgräfin Gisela", „Das Geheimnis der alten Mamsell", „Die zweite Frau" u. a., welche alle zuerst in dem Familienjournal „Die Gartenlaube" erschienen, finden immer noch einen begeisterten Leserkreis.

Der Familienroman. — Eine nahe Geistesverwandte von E. Marlitt ist die unter dem Pseudonym „**E. Werner**" schreibende Novellistin **Elisabeth Bürstenbinder** (geboren 1838), deren Romane „Ein Held der Feder", „Glück auf!" „Gesprengte Fesseln", „Vineta", „Um hohen Preis" in den siebziger Jahren erschienen und sehr populär waren. — Durch ihren Roman „Ein Arzt der Seele" gehört auch **Wilhelmine von Hillern** [209] (geboren 1836), die Tochter der dramatischen Dichterin Charlotte Birch-Pfeiffer, zu der Gruppe der den Familienroman kultivierenden Schriftstellerinnen. Sehr beliebt ist ihre Novellette „Höher als die Kirche." —

Den christlichen Familienroman repräsentiert **Marie
Nathusius**[210] (1817—1857), an deren „Tagebuch aus
dem Leben eines armen Fräuleins" wir lebhaft erinnert werden, wenn wir unserer Maria Cummins
beliebten Roman "The Lamplighter" lesen. — **Ottilie Wildermuths**[211]
(1817—1877) kunstlos erzählte Lebenserinnerungen („Bilder und Geschichten
aus Schwaben") sind von dauerndem Werte. —

Der christliche Familienroman.

Zu den interessantesten Erzählerinnen der neuesten Zeit gehören neben
Luise von **François**,[212] der Verfasserin des kulturhistorischen Romans
„Die letzte Reckenburgerin" unter manchen andern noch Frieda Schanz,
Helene von **Götzendorff-Grabowski**, Marie von **Ebner-Eschenbach**
und die auch als lyrische Dichterin unter dem Namen „**Carmen Sylva**"
bekannte Königin Elisabeth von Rumänien. — An unsern John Habberton
und seine herrliche Kindergeschichte "Helen's Babies" sowie an Louisa
Alcotts "Little Women" erinnern uns die gefühlvollen Erzählungen der
Wienerin Helene **Stökl**, deren Namen schon jetzt weit über die Grenzen
ihres Heimatlandes hinaus bekannt ist; ein liebevoller, verständnisinniger
und überraschend feiner Blick für das Seelenleben der Kinderwelt ist das
charakteristische Merkmal ihrer Novelletten, die sich in den Sammlungen
„Aus glücklichen Tagen", „Aus der Mädchenzeit", „Schneerosen", „Ver-
schlungene Lebenspfade", „Das Lorl", „Märchenquell" u. a. finden. —

Die deutsche Dichtung in Amerika. — Mit den ungezählten Tausenden,
welche, seit dem Beginn der politischen Reaktion in Deutschland um die
Mitte dieses Jahrhunderts, ihre Blicke westwärts richteten und über den
Ozean zogen, hat auch die deutsche Muse in Nordamerika ein Heim gefun-
den. Unter mancherlei Schwierigkeiten hat die Poesie in der neuen Welt
Wurzel geschlagen und die ersten Keime entwickelt, aber schon jetzt, am Aus-
gange des Jahrhunderts, steht sie da, ein lebensfrohes und hoffnungsreiches
Bäumchen im deutschen Dichterwald. Es ist leider nur zu wahr, was
Konrad Krez in seinen „Liedern aus Wisconsin" singt:

„Das deutsche Lied in diesem fremden Land
Ist gleich der Palme, die im dürren Sand
Der Wüste wächst. Dem Platz nicht, wo sie steht,
Verdankt sie's, daß sie nicht zu Grunde geht;
Was sie in Säften und am Leben hält,
Das ist der Tau, der von dem Himmel fällt..."

Auf dem philosophisch-wissenschaftlichen Gebiete, in der
Geschichts- und Reisebeschreibung sowie in der Biographie

hat die deutsch-amerikanische Litteratur hervorragende Leistungen aufzuweisen, und Namen wie **Stallo**, **Münch**, **Kröger**, **Klauprecht**, **Körner**, **Seidensticker**, **Eickhoff**, **Nattermann** und vor allen **Friedrich Kapp** erfreuen sich eines guten Klanges.

Schwächer sind die **dramatische** und **epische** Dichtung repräsentiert, und die Leistungen von Kaspar Butz, Ernst Anton Zuendt, Wilhelm Müller, Karl Heinzen, Dr. Knotser u. a. bewegen sich auch mehr oder weniger nur um lokale Interessen; hingegen haben die Novellistik (Hassaurek, Douai, Dilthey, Lexow, Ruppius, Kathinka Sutro-Schücking u. a.) und die Lyrik viel Schönes und Anerkennenswertes produziert. Aus der großen Zahl der deutsch-amerikanischen Lyriker müssen hervorgehoben werden: Therese Robinson, die Frau des um die Geschichte und Geographie Palästinas hochverdienten amerikanischen Theologen Edward Robinson, welche unter dem Namen Talvj (pseudonym für ihren Mädchennamen Therese A. L. von Jacobs) in der ersten Hälfte dieses Jahrhunderts neben geschichtlich-philologischen Abhandlungen auch Erzählungen und lyrisch-epische Gedichte schrieb, von denen einige sich noch heute in deutschen Lesebüchern finden; von den neueren Dichtern sind erwähnenswert G. Brühl („Poesieen des Urwaldes"), Julius Bruck („Bunte Blüten"), Kaspar Butz („Gedichte eines Deutsch-Amerikaners"), Theodor Kirchhof („Balladen und neue Gedichte"), Mathilde Anneke („Religiöse Gedichte" und Dramen), Minna Kleeberg und noch manche andere.

Im allgemeinen kann man sagen, daß der Grundton der deutschen Dichtung in Amerika heute noch ein Nachklang der Oppositionslyrik Herweghs, Kinkels, Hoffmanns von Fallersleben und Freiligraths ist, und daß selbst die deutschen Siege von 1870 nicht im stande gewesen sind, die Mehrzahl der deutsch-amerikanischen Dichter mit den politischen und sozialen Verhältnissen des Vaterlands auszusöhnen.

Anmerkungen.

Anmerkungen.

Die in den Anmerkungen gegebenen Seitenzahlen beziehen sich auf folgende deutsche und englische Werke:

Wilhelm **Scherer,** „Geschichte der deutschen Litteratur", Berlin (6. Aufl.) 1891.
Robert **König,** „Deutsche Litteraturgeschichte", Bielefeld und Leipzig (12. Aufl.) 1882.
Franz **Pfalz,** „Die deutsche Litteraturgeschichte", 2 Teile in einem Bande; Leipzig 1883.
Gustav **Könnecke,** „Bilderatlas zur Geschichte der deutschen Nationallitteratur", Marburg 1887.
Wilhelm **Bernhardt,** „Einführung in Goethes Meisterwerke", Boston 1891.

W. **Scherer,** "A History of German Literature", Edited by Max Müller, 2 vols. Oxford 1886.
The Same. New York 1886.
G. H. **Lewes,** "The Life of Goethe", 2 vols. Leipzig, (Third edition), 1882.
H. H. **Boyesen,** "Goethe and Schiller. Their Lives and Works". New York 1879.
Bayard Taylor, "Studies in German Literature". New York and London 1888.
Joseph Gostwick and **Robert Harrison,** "Outlines of German Literature". New York 1873.
F. H. **Hedge,** "Hours with German Classics", Boston 1876.

---

1. Die Namen von einer Anzahl deutscher Musiker und Komponisten sind in den folgenden Reimzeilen enthalten:

   Schubert, Schumann, Becker, Bach — Kreutzer, Weber, Offenbach;
   Mozart, Händel, Spohr, Strauß, Mohn — Ries, Schicht, Wilhelm, Mendelssohn;
   Lißt, Graun, Haydn, Brahms, Beuch, Hiller — Silcher, Lortzing, Lassen, Ziller;
   Suppé, Gluck, Abt, Hasse, Klein — Zelter, Lachner, Rubinstein;
   Wagner, Hummel, Schneider, Franz — Pleyel, Büllner, Schindler, Quantz;
   Vogel, Vogler, Kaltbrenner — Pohl, Beethoven, Meyerbeer.

2. Caius Cornelius Tacitus (54-119 n. Chr.) schrieb seine "Germania" im Winter 98-99. Er sagt darin: (Germani) celebrant carminibus antiquis *Tuisconem* deum terra editum, et filium *Mannum* originem gentis conditoresque. (= Sie feiern in alten Liedern den erdgebornen Gott Tuisko und seinen Sohn Mannus als Stammväter und Gründer ihres Volkes.) — Im zweiten Buch seiner "Annales" berichtet derselbe Historiker: (Arminius) septem et triginta annos vitae, duodecim potentie explevit, canitur adhuc barbaras apud gentes. (= Arminius hat sein Leben auf 37 Jahre gebracht und war 12 Jahre Herrscher; er wird noch bei den barbarischen Völkern besungen.)

76 **Anmerkungen.** [NOTES 3–11

3. vergleiche Scherer 31-34. König 8–9. Pfalz I. 13. Könnecke 2. Scherer I. 28–31. Bayard Taylor 3–6. Hedge 14–20. Gostwick-Harrison 9.

4. Das gotische „Vaterunser" lautet:

Atta unsar thu in himinam, veihnai namo thein; quimai thiudi –
Vater unser du in Himmeln, geweihet werde der Name dein; es komme das
nassus theins; vairthai vilja theins; sve in himina jah ana airthai;
Reich dein; es geschehe der Wille dein; sowie im Himmel und auch auf der Erde;
hlaif unsarana thana sinteinan gif uns himma daga; jah aflet uns thatei
das Brot unser das tägliche gieb uns diesen Tag, und auch erlaß uns, daß
skulans sijaima, svasve jah veis afletam thaim skulam unsaraim; jah ni
Schuldige wir sind, sowie auch wir erlassen den Schuldigen unseren; und nicht
briggais uns in fraistubnjai, ak lausai uns af thamma ubilin; unte theina ist
bringe uns in Versuchung, sondern löse uns von den Übeln; denn dein ist
thiudangardi jah mahts jah vulthus in aivins.
das Reich und die Macht und die Herrlichkeit in Ewigkeit.

5. Reproduktionen der Originalhandschrift des Codex argenteus finden sich bei König 8-9 und bei Könnecke 2.

6. vergleiche Gostwick-Harrison 2.

7. vgl. Gostwick-Harrison 2.

8. vgl. Gostwick-Harrison 3-4.

9. vgl. Scherer 260–261. König 52–54. Pfalz I. 37–42. Bernhardt 48–58. Scherer I. 254–255. Gostwick-Harrison 42–43 und 71–73.

10. Der Anfang des „Hildebrandsliedes" lautet:

Ik gihorta dat seggen ... Ich hörte das sagen,
dat sih urhettun daß sich erhießen (= herausforderten)
aenon muotin zu einem Zweikampf
Hiltibraht enti Hadubrant Hiltibracht und Hadubrant
untar heriun tuem. unter Heeren zweien.
Sunufatarungo Sohn und Vater zusammen
iro saro rihtun, ihre Panzer richteten
garutun se iro gudamun ... gerbten (bereiteten) sie ihre Schlachtkleider ...

vgl. Scherer 28–31. König 11–12. Pfalz I. 16. Scherer I. 25–27. Bayard Taylor 10–15. Hedge 20–25.

Reproduktionen der Originalhandschrift des „Hildebrandsliedes" finden sich bei König 12 und bei Könnecke 6–7.

11. Sprachprobe aus dem „Heliand" (St. Matthäus VIII. 18–24):

... Tho was thar werodes so filu
Da waren dahin des Volkes so viele
alloro elithiodo kuman te them eron Kristes,
allerlei Leute gekommen zu den Ehren Christi,
te so mahtiges mundburd. Tho welda he thar ena meri lidan,
zu so mächtigem Lehnsherrn. Da wollte er hinüber einen See (Meer) fahren,
the godes sunu mid is jungron aneban Galilealand
der Gottessohn mit seinen Jüngern von Galiläa
waldan enna wagostrom. Tho het he that werod odar
der Herrscher, überhin eine Meerflut. Da hieß er das Volk andre (übrige)

fordwerdes   faran endi he giwet im fahoro sum
(vorwärts) voraus fahren und er begab sich mit wenigen
an enna nakon innan, neriandi Krist,
in einen Nachen hinein, der rettende Christ,
slapan   sidworig. Segel up dadun
zu schlafen, reisemüde. Segel auf (thaten) zogen
wedarwisa man, letun wind   aftar
wetterweise Männer, ließen den Wind hintennach
manon obar thana meristrom, untthat he te middeon quam,
trieben über den Meerstrom, bis daß er zu der Mitte kam,
waldand mit is werodu. Tho bigan thes wedares kraft...
der Herrscher mit seinem Volke. Da begann des Wetters Kraft

vgl. Scherer 44–48. König 19–21. Pfalz I. 18–21. Könnecke 10 (mit Reproduktion der Originalhandschrift). Scherer I. 40–44. Bayard Taylor 15–20. Gostwick-Harrison 10–11.

12. Sprachprobe aus Otfrieds „Krist":

Giang tho druhtin thanana,   (Es) Ging da der Herr von dannen (dort)
mit imo ouh sine thegana,   mit ihm auch seine Degen (Jünger),
ougtun sie imo innan thes   zeigten sie ihm unterdes
gizimbri thes houses.   (den Bau) des Hauses (Tempels).
Quad er: "Giwisso ih sagen iu, Sprach er: Gewiß ich sage euch
thie steina werdent noh zi thiu, die Steine werden noch zu dem,
daz sie sint so unthrate,   daß sie sind so unwert,
hiar liggent al zi sate.   hier liegen (werden sie) alle zur Saat (wie gesät.)

vgl. Scherer 48–51. König 23–25. Pfalz I. 21. Könnecke 12–13 (mit Reproduktionen der Originalhandschrift). Scherer I. 44–46. Bayard Taylor 20–22. Gostwick-Harrison 11.

13. Der Anfang des „Ludwigliedes" lautet:

Einan kuning weiz ih,   Einen König weiß ich,
heizsit her Hludwig,   heißt Herr Ludwig,
ther gerno gode thionot;   Der gern Gott dient,
ih we'z her imos lonot.   ich weiß, er ihm es lohnt.
kind warth her faterlos,   (Als) Kind ward er vaterlos,
thes warth imo sar buoz...   Des (dafür) ward ihm bald Buße (Ersatz)...

vgl. König 25–27. Könnecke 11 (mit Reproduktion des Originals). Bayard Taylor 22–23.

14. vgl. Scherer 83. König 33. Scherer I. 74–75.

15. vgl. Bayard Taylor 29–34.

16. vgl. Hedge 48–55 ("Comparison of the Nibelungenlied with the Iliad.")

17. Sprachprobe aus dem „Nibelungenlied":

Ez wuohs in Buregonden ein vil   edel magedin
Es wuchs in Burgund   ein viel (sehr) edles Mägdlein,
daz in allen landen niht schoeners mohte sin,
daß in allen Landen nichts schöneres mochte sein,

Kriemhild geheizen: diu wart ein schoene **wip**;
Kriemhild geheißen; die warb ein schönes Weib;
darumbe muosen degene vil verlieren den **lip** ...
darum mußten Degen (Helden) viele verlieren den Leib (das Leben).
vgl. Scherer 110–124. König 64–90 und Könnecke 23–25 (mit Reproduktionen verschiedener Originalhandschriften). Pfalz I. 135–212. Scherer I. 101–115. Bayard Taylor 101–130. Gostwick-Harrison 16–22. Hedge 25–47. Thomas Carlyle's "Critical and Miscellaneous Essays" (*The Nibelungen Lied*).

18. Der Anfang des „Gudrunliedes" lautet:

    Ez wuohs in Irlande ein richer künec **her**;
    Es wuchs in Irland ein reicher König hehr,
    geheizen was er Sigebant, sin vater der hiez **Ger**,
    geheißen war er Sigebant, sein Vater der hieß Ger,
    sin muoter diu hiez Uote und was ein küni**ginne**,
    seine Mutter die hieß Ute und war eine Königin
    durch ir hohe tugende so gezam dem richen wol ir **minne**.
    durch ihre hohe Tugend so geziemte dem reichen (König) wohl ihre Minne (Liebe)...

    vgl. Scherer 132–142. König 99–109 und Könnecke 26 (mit Reproduktionen der Originalhandschrift). Pfalz I. 212–269. Scherer I. 124–134. Bayard Taylor 130–134. Gostwick-Harrison 22–23. Hedge 56–59.

19. Der „Wulpensand" (mhd.: wulpinwerd) ist eine der Nordsee-Inseln, nahe der Küste der Niederlande.

20. vgl. König 109 u. folg. Pfalz I. 42–43. Bayard Taylor 61–62.

21. vgl. König 113. Pfalz I. 50–51. Hedge 60. Gostwick-Harrison 26–27.

22. vgl. St. Matthäus XXVII. 57–60. St. Markus XV. 42–46. St. Lukas XXIII. 50–53. St. Johannes XIX. 38–42.

23. vgl. König 112. Pfalz I. 50. Hedge 60.

24. vgl. Scherer 92. König 39–40. Scherer I. 83. Bayard Taylor 64. Gostwick-Harrison 36–37.

25. „Die deutsche Äneide", gedichtet von Heinrich von Veldeke. vgl. Scherer 146–148. König 140. Pfalz I. 42–49. Scherer I. 138–140. Gostwick-Harrison 37.

26. vgl. Scherer 171–175. König 110. Pfalz I. 133. Könnecke 35–36. Scherer I. 161–166. Bayard Taylor 87. Gostwick-Harrison 26–31.

27. vgl. Scherer 166–167. König 124. Pfalz I. 133–134. Könnecke 34. Scherer I. 157–160. Bayard Taylor 75. Gostwick-Harrison 31–32.

28. vgl. Scherer 175–180. König 115–122. Pfalz I. 51–79. Scherer I. 166–172. Bayard Taylor 88–97. Hedge 62–64. Gostwick-Harrison 27–31.

29. vgl. Scherer 166–170. König 124–127. Pfalz I. 107–132. Scherer I. 157–160. Bayard Taylor 86. Gostwick-Harrison 31–33.

30. vgl. König 147–152. Pfalz I. 270–271. Gostwick-Harrison 45–46.

31. vgl. Scherer 197–202. König 156–165. Pfalz I. 280–291. Könnecke 37–40. Scherer I. 189–194. Bayard Taylor 37–46. Gostwick-Harrison 47–50.

32. Der amerikanische Dichter Longfellow hat diese Sage zum Thema eines seiner schönsten Gedichte genommen, welches er Walter von der Vogelweid genannt hat, und welches so beginnt:

> Vogelweid the Minnesinger,
> When he left this world of ours,
> Laid his body in the cloister
> Under Würtzburg's minster towers . . .

Sprachprobe aus den Liedern Walthers von der Vogelweide:

Ich han lande vil gesehen	Ich habe Lande viel gesehen
unde nam der besten gerne war:	und nahm das beste gern wahr:
übel müeze mir geschehen,	Übel (Unglück) müsse mir geschehen,
künde ich ie min herze bringen dar,	könnte ich je mein Herze bringen dahin,
daz im wol gevallen	daß ihm wohlgefallen
wolde fremeder site.	wollte fremde Sitte,
nu waz hulfe mich, ob ich unrehte strite?	nun, was hülfe es mir, wenn ich unrecht streite,
tiuschiu zuht gat vor in allen.	deutsche Zucht geht vor in allem.
Von der Elbe unz an den Rin	Von der Elbe bis an den Rhein
und her wider unz an der Ungar lant	und wieder her bis an der Ungarn Land,
mugen wol die besten sin,	mögen wohl die besten (Länder) sein,
die ich in der werlte han erkant.	die ich in der Welt habe kennen gelernt.

33. vgl. Scherer 242-244. König 172-173. Pfalz I. 330. Scherer I. 235-238. Bayard Taylor 135-137. Gostwick-Harrison 66-69.
34. vgl. Scherer 217, 252-254. König 178-186. Pfalz I. 339-340. Scherer I. 209, 246-248. Bayard Taylor 143-147. Gostwick-Harrison 70-71.
35. vgl. Scherer 306-309. König 227-230. Pfalz II. 28-52. Scherer I. 304-307. Bayard Taylor 160-163. Gostwick-Harrison 124-125.
36. vgl. Scherer 244-252. König 196-199. Pfalz I. 344-347. Scherer I. 238-246. Gostwick-Harrison 76-77.
37. vgl. Scherer 249-250. König 199-201. Pfalz I. 347-356. Scherer I. 243-244. Gostwick-Harrison 77-78.
38. Zu den bekanntesten deutschen „Volksliedern" gehören:
   „Ach, wie wär's möglich dann, daß ich dich lassen kann..."
   „Du, du liegst mir im Herzen, du, du liegst mir im Sinn..."
   „Ein Sträußchen am Hute, den Stab in der Hand..."
   „Jetzt geh' i an's Brünnele, trink aber net..."
   „Kein Feuer, keine Kohle kann brennen so heiß..."
   „Morgen muß ich fort von hier und muß Abschied nehmen..."
   „Muß i denn, muß i denn zum Städtele 'naus..."
   „O Straßburg, o Straßburg, du wunderschöne Stadt..."
   „Stille Nacht, heilige Nacht, alles schläft, einsam wacht..."
   „Wenn ich ein Vöglein wär' und auch zwei Flüglein hätt'..."

Die beste Sammlung deutscher Volkslieder wurde im Jahre 1806 von den Dichtern Achim von Arnim und Clemens Brentano unter dem Titel „Des Knaben Wunderhorn" herausgegeben. — Von den „Volksliedern" sind zu unterscheiden die „volkstümlichen" Lieder, welche ganz den Charakter von Volksliedern haben, deren Dichter wir aber beim Namen kennen; so ist Paynes "Home, sweet home!" und so sind z. B. Burns' "Go fetch to me a pint of wine..." oder "Auld lang syne..." volkstümliche Lieder, da die Dichter derselben bekannt sind. Deutsche volkstümliche Lieder sind z. B. Heines „Lorelei", Arndts „Was ist des Deutschen Vater=

land?" Uhlands „Es zogen drei Burſche wohl über den Rhein", Eichendorffs „In einem kühlen Grunde", Hauffs „Steh' ich in finſtrer Mitternacht", Schneckenburgers „Die Wacht am Rhein" und viele andere.

vgl. König 186-190. Pfalz I. 341-344. Wenckebach: „Die ſchönſten deutſchen Lieder", Boſton, New York und Chicago (1887) 271-328.

39. Zu den bekannteſten Humaniſten gehören: (in Deutſchland:) Johann Reuchlin 1455-1522, Erasmus von Rotterdam 1467-1536, Philipp Melanchthon 1497-1560 und Konrad Celtis 1459-1508; (in Italien:) Dante 1265-1321, Boccaccio 1313-1375 und Pico, genannt Mirandola, 1463-1494.

vgl. Scherer 269-274. Pfalz II. 3. — Scherer I. 264-270.

40. vgl. Scherer 276-285. Pfalz II. 2 und 22. Könnecke 84-87. Scherer I. 272-282. Hedge 65-82. Bayard Taylor 149-160.

41. Thomas Carlyles engliſche Überſetzung lautet:

A safe stronghold our God is still,
A trusty shield and weapon;
He'll help us clear from all the ill
That has us now o'ertaken.
The ancient Prince of Hell
Has risen with purpose fell;
Strong mail of Craft and Power
He weareth in this hour;
On Earth is not his fellow...

vgl. Scherer 282. König 210-211. Scherer I. 277-278. Gostwick-Harrison 120-122; Thomas Carlyle's Critical and Miscellaneous Essays: *"Luther's Psalm";* John Greenleaf Whittier's *"Eine feste Burg ist unser Gott"* in der Sammlung ſeiner Lieder "In War Time," welches im Metrum des Lutherliedes gedichtet iſt und ſo beginnt:

We wait beneath the furnace-blast
The pangs of transformation:
Not painlessly doth God recast
And mold anew the nation.
Hot burns the fire
Where wrongs expire;
Nor spares the hand
That from the land
Uproots the ancient evil...

42. vgl. Scherer 286-287. König 213. Pfalz II. 23-24. Könnecke 82-83. — Scherer I. 283-284. Hedge 97-99. Gostwick-Harrison 99-100.

43. Der große franzöſiſche Satiriker François Rabelais (1495-1553) ſchrieb: "La vie inestimable du grand *Gargantua*, père de Pantagruel..." und "*Pantagruel* roi des Dipsodes, restitué à son naturel..." Einen Teil dieſes franzöſiſchen Werkes legte Johann Fiſchart ſeinem Hauptwerk „Geſchichtsklitterung" zu Grunde.

44. vgl. Scherer 266-267, 301-302. König 237-244. Pfalz II. 75-78. Scherer I. 261-262, 298-300. Hedge 469-473. Gostwick-Harrison 132-133. Thomas Carlyle's Artikel *"Early German Literature"* in Critical and Miscellaneous Essays.

Das Volksbuch „Vom ewigen Juden" hat der engliſchen Dichterin Caroline

Norton (1807-1877) den Stoff zu ihrem Meisterwerk "The Undying One" geliefert.
45. vgl. St. Johannes I. 46.
46. vgl. Scherer 352-353. König 296. Pfalz II. 140. Könnecke 139. Scherer I. 354-356. Gostwick-Harrison 162-165.
47. vgl. Scherer 316-317. König 247-250. Pfalz II. 80-82. Könnecke 118-119. Scherer I. 316-317. Bayard Taylor 175. Gostwick-Harrison 137.
48. vgl. Scherer 319-321. König 255-260. Pfalz II. 82-96. Könnecke 120-121. Scherer I. 319-321. Hedge 104-107. Bayard Taylor 175-179. Gostwick-Harrison 138-140.
49. „Knittelverse" (engl. doggerels) sind Verse, deren Rhythmus mangelhaft ist.
50. Der „Daktylus" (griech. δάκτυλος = Finger, — ⏑ ⏑) besteht aus einer langen Silbe (Hebung oder Arsis) und zwei kurzen Silben, deren jede als Senkung oder Thesis bezeichnet wird.
Der „Anapäst" (griech. = umgekehrter Daktylus, ⏑ ⏑ —) besteht aus zwei kurzen und einer langen Silbe.
51. vgl. Scherer 395-400. König 301-305. Pfalz II. 141-149. Könnecke 146. Scherer II. 2-8. Hedge 111-113. Gostwick-Harrison 170-171.
52. vgl. Scherer 412-415. König 298-301. Pfalz II. 146. Könnecke 146-147. Scherer II. 21-24. Hedge 109-111. Gostwick-Harrison 171-172.
53. vgl. Scherer 400-405. König 314-318. Pfalz II. 149-150. Könnecke 150-151. Scherer II. 8-12. Hedge 113-120. Gostwick-Harrison 172-173.
54. vgl. Scherer 385-386. König 293-294. Könnecke 242. Scherer I. 392-393.
55. vgl. Scherer 422-425. König 335-336. Pfalz II. 161-164. Könnecke 157-159. Scherer II. 31-34. Bayard Taylor 238-242. Hedge 132-142 (mit teilweiser engl. Übersetzung des Gedichts). Gostwick-Harrison 195-199.
56. vgl. Scherer 425-427. König 337-340. Pfalz II. 164-171. Könnecke 160-161. Scherer II. 34-36. Hedge 129-131. Bayard Taylor 242-243. Gostwick-Harrison 198-201 (mit engl. Übersetzung der Ode „Die frühen Gräber").
57. vgl. Hedge 124-128.
58. vgl. Scherer 505-509. König 347-369. Pfalz II. 185. Könnecke 187. Scherer II. 119-123. Gostwick-Harrison 243.
59. vgl. Scherer 509. König 352-354. Pfalz II. 189. Könnecke 189. Scherer II. 122-123. Gostwick-Harrison 243-244.
Unter Walter Scotts "Poetical Works" finden sich auch die Übersetzungen von Bürgers Balladen „Lenore" (William and Ellen) und „Der wilde Jäger" (The Chase oder The Wild Huntsman).
60. vgl. Scherer 507-508. König 360-363. Pfalz II. 185-187. Könnecke 190-191. Scherer II. 121-122. Gostwick-Harrison 245.
In der amerikanischen Litteratur erinnert Longfellows idyllisches Gedicht "The Courtship of Miles Standish" durch Inhalt, Sprache und Metrum lebhaft an „Luise" von Voß, während Longfellows "Evangeline" etwas von dem Tone und Charakter von Goethes „Hermann und Dorothea" an sich trägt.
61. vgl. Scherer 431-437. König 369-377. Pfalz II. 171-173. Könnecke 174-175.

Scherer II. 40–47. Hedge 207–227. Bayard Taylor 245–256. Gostwick-Harrison 213–220.

62. vgl. König 375. Pfalz II. 184. Könnecke 177. Hedge 222–227 (mit teilweiser engl. Übersetzung). Gostwick-Harrison 217–218.
63. vgl. König 375–377. Pfalz II. 174–183. Könnecke 176. Hedge 213–222 (mit teilweiser engl. Übersetzung). Bayard Taylor 249–252. Gostwick-Harrison 216–217.
64. vgl. Scherer 438–470. König 380–395. Pfalz II. 192–205. Könnecke 164–165. Scherer II. 47–82. Hedge 143–170. Bayard Taylor 200–233. Gostwick-Harrison 201–213.
    Eine gute, englisch geschriebene Biographie Lessings ist James Sime's "Life of Lessing," 2 Bände, London 1878; deutsch von Strodtmann, Berlin 1878.
65. vgl. Scherer 453–455. König 388–389. Pfalz II. 199–200. Könnecke 170–171. Scherer II. 65–67. Bayard Taylor 214–217. Gostwick-Harrison 208–209.
66. vgl. Scherer 456–458. König 389–390. Pfalz II. 201. Könnecke 171. Scherer II. 67–69. Gostwick-Harrison 209–210.
67. vgl. Scherer 442–443. König 390–391. Pfalz II. 196. Scherer II. 52–53.
68. vgl. Scherer 459–461. König 393–394. Könnecke 171. Pfalz II. 202. Scherer II. 71–72. Gostwick-Harrison 203–204 (mit teilweiser engl. Übersetzung). Hedge 159–165 (mit teilweiser engl. Übersetzung).
69. vgl. Scherer 449. König 391–392. Pfalz II. 199. Könnecke 168–169. Scherer II. 60. Bayard Taylor 207. Gostwick-Harrison 202–203.
70. vgl. Scherer 465–470. König 394–395. Pfalz II. 203–204. Könnecke 171. Scherer II. 77–81. Bayard Taylor 220–228 (mit engl. Übersetzung der Geschichte von den drei Ringen). Hedge 165–170 (Geschichte von den drei Ringen). Gostwick-Harrison 204–207 (Geschichte von den drei Ringen).
71. vgl. Könnecke 167. Hedge 155–157 (mit engl. Übersetzung von fünf Fabeln).
72. vgl. Scherer 473–479. Pfalz II. 205–216. König 403–409. Könnecke 178–182. Scherer II. 84–91. Hedge 228–253. Bayard Taylor 256–265. Gostwick-Harrison 233–236.
73. vgl. Scherer 477–478. König 405–406. Pfalz II. 208–209. Könnecke 181. Scherer II. 89. Bayard Taylor 259.
    In dieser Sammlung von Liedern findet sich auch „Ännchen von Tharau" von Simon Dach (1605–1659), welches Longfellow ins Englische übersetzt hat ("Annie of Tharaw"). Felicia Hemans' "Lays of Many Lands" ist eine sehr glückliche englische Bearbeitung von Herders „Stimmen der Völker in Liedern."
74. vgl. Scherer 523–525. Könnecke 181. Scherer II. 139–141. Bayard Taylor 262.
75. Beide Gedichte finden sich in Echtermeyer: „Auswahl deutscher Gedichte."
76. vgl. Bayard Taylor 263–265.
77. vgl. König 409–423. Pfalz II. 216–221. Könnecke 184–186. Bayard Taylor 238, 252. Gostwick-Harrison 227–228.
78. vgl. König 344. Pfalz II. 243–245. Gostwick-Harrison 239–243 (mit englischer Übersetzung von: „Die Fürstengruft").

Anmerkungen.

79. vgl. König 460–504. Pfalz II. 241–262. Könnecke 216–236. Bayard Taylor 266–303. Gostwick-Harrison 300–315.
80. vgl. Scherer 503–504. König 461–465. Pfalz II. 245–246. Könnecke 218–219. Scherer II. 116–117. Hedge 349–353. Bayard Taylor 268–270. Boyesen 303–306.
vgl. auch des engl. Dichters Coleridge Sonnet: "To Schiller."
81. vgl. König 465–466. Könnecke 220. Bayard Taylor 273–274. Boyesen 310.
82. vgl. Scherer 504–505. König 466–469. Pfalz II. 247–249. Könnecke 221–222. Scherer II. 118. Hedge 356. Boyesen 318–321, 328–333.
83. vgl. Scherer 583–584. König 471–473. Könnecke 225. Scherer II. 201–203. Hedge 356–359 (mit teilweiser engl. Übersetzung). Boyesen 353–357. Bayard Taylor 275. Gostwick-Harrison 316–317.
84. vgl. Boyesen 374–376. Hedge 361–363. Bayard Taylor 276–277.
85. vgl. König 478. Pfalz II. 252. Boyesen 382–384. Bayard Taylor 277.
86. vgl. Pfalz II. 205–206, 250–252. Hedge 367–368. Gostwick-Harrison 318.
87. vgl. Scherer 553. Könnecke 230. Scherer II. 171–172. Hedge 370–373. Boyesen 385–387. Bayard Taylor 284–287.
88. vgl. Scherer 554–555. Pfalz II. 254. König 483–485. Scherer II. 173–174. Bayard Taylor 289. Gostwick-Harrison 305–306.
89. vgl. Scherer 589. König, 474, 488. Pfalz II. 257. Scherer II. 207. Gostwick-Harrison 322–324. Boyesen 391.
vgl. auch "Schiller's Poems" translated by Edgar A. Bowring und "The Poems and Ballads of Schiller" translated by Sir Edward Bulwer-Lytton.
90. vgl. König 474. Bayard Taylor 281–284. Boyesen 371–373.
91. vgl. König 488. Boyesen 301–302. Hedge 392.
Longfellows Gedicht "The Building of the Ship" ist eine Nachahmung von Schillers „Lied von der Glocke", behandelt aber seinen Gegenstand in selbständiger Weise.
92. vgl. Scherer 590. Pfalz II. 255. Scherer II. 208. Bayard Taylor 288. Boyesen 300–301. Gostwick-Harrison 318–321 (mit teilweiser engl. Übersetzung von „Die Kraniche des Ibykus"). Hedge 390–392 (mit engl. Übersetzung von „Ritter Toggenburg").
93. vgl. Hedge 390–392. Boyesen 301.
94. vgl. Bayard Taylor 293. Gostwick-Harrison 324–337.
95. vgl. Scherer 590–598. Pfalz II. 255–256. König 488–491. Könnecke 231. Scherer II. 208–215. Hedge 379–387 (mit einigen Scenen in engl. Übersetzung). Gostwick-Harrison 324–328 (mit einigen Scenen in engl. Übersetzung). Boyesen 393–399.
96. vgl. Scherer 598–601. König 491–492. Pfalz II. 258. Könnecke 231. Scherer II. 215–218. Hedge 387. Boyesen 399–402. Gostwick-Harrison 328.
97. vgl. Scherer 601–604. König 493–494. Pfalz II. 258–259. Könnecke 232. Scherer II. 218–220. Hedge 373–379 (mit Johannas Monolog in engl. Übersetzung). Gostwick-Harrison 328. Boyesen 403–407.
98. Bekannt ist der Ausspruch des englischen Historikers Henry Hallam (1777–1859): "*A country girl overthrew the power of England.*"

99. vgl. Scherer 604-608. König 494-496. Pfalz II. 259-260. Könnecke 234. Scherer II. 220-224. Boyesen 408-412. Hedge 387-388. Gostwick-Harrison 328.
100. vgl. Scherer 609-612. König 498-501. Pfalz II. 260-261. Könnecke 235. Scherer II. 224-228. Boyesen 414-419. Hedge 388-389. Bayard Taylor 295-298. Gostwick-Harrison 328-337 (mit engl. Übersetzung einiger Scenen).
101. vgl. Boyesen 421-422.
102. vgl. Bayard Taylor 299-303. Gostwick-Harrison 311-312.
103. vgl. Scherer 479-501. König 423-431. Pfalz II. 221-227. Bernhardt 1-11. Könnecke 194-215. Scherer II. 91-114. Boyesen 1-21. Hedge 257-262. Bayard Taylor 305-309. Gostwick-Harrison 221-222.
104. vgl. Scherer 483-487. König 432-434. Pfalz II. 228. Bernhardt 132-146. Scherer II. 96-99. Lewes I. 134-143. Boyesen 22-28. Bayard Taylor 308-310. Gostwick-Harrison 237-238.
105. vgl. Scherer 493-501. König 434-439. Bernhardt 82-95. Pfalz II. 229. Scherer II. 107-114. Lewes I. 185-204. Boyesen 32-48. Bayard Taylor 310-311. Gostwick-Harrison 238-239.
106. vgl. Scherer 562-567. König 479-483. Bernhardt 96-110. Scherer II. 174-186. Lewes II. 174-186. Boyesen 98-110. Hedge 290-293. Bayard Taylor 316-318.
107. vgl. Scherer 568-576. König 486-487. Pfalz II. 236. Bernhardt 59-82. Scherer II. 188-194. Lewes II. 195-209. Boyesen 111-116. Bayard Taylor 320-322. Gostwick-Harrison 262-269. Longfellows idyllisches Epos *"Evangeline"* erinnert in manchen Zügen an "Hermann und Dorothea"; (vgl. Anmerkung 60). Von allen engl. Übersetzungen von "Hermann und Dorothea" ist die von Miss Ellen Frothingham die beste.
108. vgl. Scherer 681-684. König 507-509. Bernhardt 111-120. Scherer II. 298-301. Lewes II. 316-325. Boyesen 120-124. Hedge 294.
109. vgl. Scherer 641. König 509. Bernhardt 221-231. Scherer II. 257. Boyesen 125-127.
110. vgl. Scherer 656-658. König 510. Scherer II. 273-275. Lewes II. 341-344. Boyesen 127-129. Bayard Taylor 323.
111. vgl. Scherer 567. König 512-515. Scherer II. 186. Lewes II. 353-358.
112. vgl. Scherer 701-716. König 515-522. Bernhardt 190-217. Scherer II. 316-331. Lewes II. 245-287. Boyesen 151-285. Bayard Taylor 337-387. Hedge 296-322 (mit engl. Übersetzung des "Gesangs der Erzengel", des "Osterspaziergangs" und der "Kerkerscene"). Gostwick-Harrison 283-299 (mit engl. Übersetzung von "Der König in Thule", "Domscene" und "Kerkerscene").
113. vgl. Scherer 639-642. Scherer II. 148, 163-164. Lewes II. 86-138. Boyesen 140-141. Bayard Taylor 326-328.
114. vgl. Bernhardt 121-131. Lewes II. 287-289. Hedge 277. Gostwick-Harrison 270-280 (mit engl. Übersetzungen von "Schäfers Klagelied", "Mignon" und "Wanderers Nachtlied").
115. vgl. Bernhardt 131.

Notes 116–127] **Anmerkungen.** 85

116. vgl. Scherer 577–578. Bernhardt 24–48. Scherer II. 195–196. Lewes II. 289–293. Hedge 277–283. Bayard Taylor 318–320. Gostwick-Harrison 270–280.
117. vgl. Scherer 535–539. König 451–456. Bernhardt 147–161. Pfalz II. 233. Scherer II. 152–156. Lewes II. 6–20. Boyesen 74–77. Bayard Taylor 313–314. Hedge 284–288 (mit engl. Übersetzung einiger Scenen).
118. vgl. Scherer 539–541. König 457–458. Bernhardt 162–173. Scherer II. 156–158. Lewes II. 64–65. Boyesen 77–80. Bayard Taylor 314. Gostwick-Harrison 255–261 (mit engl. Übersetzung einiger Scenen).
119. vgl. Scherer 534–535. König 456. Pfalz II. 233. Bernhardt 174–190. Scherer II. 150–152. Lewes II. 56–64. Boyesen 80–82. Bayard Taylor 314. Gostwick-Harrison 253.
120. vgl. Scherer 533, 545. Bernhardt 217–221. Scherer II. 149, 162. Lewes II. 44–45. Boyesen 67–70.
121. vgl. Bayard Taylor 325–334. Hedge 254–257. Lewes I. 1–2. Boyesen 142.
122. vgl. Scherer 673–677. König 414–421. Pfalz II. 263–264. Könnecke 258. Scherer II. 290–293. Hedge 396–428 (mit teilweiser engl. Übersetzung aus „Die unsichtbare Loge" und „Flegeljahre"). Bayard Taylor 388–418. Gostwick-Harrison 339–351. Thomas Carlyle *"Jean Paul Friedrich Richter"* in Critical and Miscellaneous Essays, Vol. I.
123. vgl. Scherer 650–651. König 582–588. Pfalz II. 282–283. Könnecke 268. Scherer II. 206–207. Gostwick-Harrison 425–426 (mit engl. Übersetzung von „Der Gott der Eisen wachsen ließ" und „Was ist des Deutschen Vaterland?")
124. vgl. Scherer 649–650. König 578–582. Pfalz II. 283–284. Könnecke 266–267. Scherer II. 206. Gostwick-Harrison 426–427 (mit teilweiser engl. Übersetzung von „Lützows wilde Jagd").
Die englische Dichterin Felicia Hemans hat in ihrem Gedichte *"Koerner and his Sister"* Theodor Körners Dichterleben und Heldentod besungen.
125. vgl. Scherer 649. König 576–578. Pfalz II. 284. Könnecke 267. Scherer II. 265. Gostwick-Harrison 427–428.
126. vgl. Scherer 649, 659–660. König 588–594. Pfalz II. 284–285. Könnecke 272–273. Scherer II. 266, 275. Gostwick-Harrison 428, 446–447.
127. vgl. Scherer 633. König 521–522. Pfalz II. 265–267. Scherer II. 248–249. Hedge 429–431. Gostwick-Harrison 388.

Nicht in Deutschland allein, sondern auch in England und Amerika blühte die Romantik in der ersten Hälfte des 19. Jahrhunderts. In England wird dieselbe repräsentiert von Lord Byron, Shelley und Walter Scott. In Amerika tragen die Novellen Nathaniel Hawthornes und Edgar Allan Poes den mysteriös-übernatürlichen Charakter der deutschen Romantiker, während die mittelalterlich-katholisierende Richtung in Longfellows Trilogie *"The Golden Legend," "The Divine Tragedy"* und *"New England Tragedies"* deutlich zu Tage tritt; außerdem machen seine Übersetzungen und poetischen Reproduktionen aus den Litteraturen anderer Völker, besonders der Italiener und Spanier, Longfellow zum Haupt-Romantiker in der amerikanischen Litteratur.

128. vgl. Scherer 634–635. König 530–531. Pfalz II. 267–269. Könnecke 260. Scherer II. 250–251. Hedge 431–437. Gostwick-Harrison 388–389.
129. vgl. Scherer 635–636. König 531–532. Pfalz II. 269–271. Könnecke 261. Scherer II. 251–252. Hedge 437–446. Gostwick-Harrison 389–391.
130. vgl. Scherer 646–647. König 523–525. Pfalz II. 271. Könnecke 261. Scherer II. 263–264. Hedge 447–463. Gostwick-Harrison 391–392.
131. vgl. Scherer 647–648. König 526–530. Pfalz II. 271–274. Könnecke 261. Scherer II. 264. Hedge 463–473. Gostwick-Harrison 392–400.
132. vgl. Scherer 662–663. König 533–534. Pfalz II. 274–275. Könnecke 262. Scherer II. 278–279. Gostwick-Harrison 411–412.
133. vgl. Scherer 679. König 534–536. Pfalz II. 275. Könnecke 262. Scherer II. 295. Gostwick-Harrison 408–411.

„Des Knaben Wunderhorn" läßt sich in der englischen Litteratur mit solchen Volksliedersammlungen wie Bischof Thomas Percys *"Reliques of Ancient English Poetry"* (1765) und Walter Scotts *"Minstrelsy of the Scottish Border"* (1802) vergleichen, während Felicia Hemans' "Lays of Many Lands" dem Herderschen Werke „Stimmen der Völker in Liedern" gleicht; vgl. Anmerkung 73.

134. vgl. Scherer 678, 689–694. König 542–547. Pfalz II. 277–279. Könnecke 261. Scherer II. 306–310. Gostwick-Harrison 415–417.
135. vgl. Scherer 678–679. König 536–538. Pfalz II. 279–280. Könnecke 262. Scherer II. 295. Gostwick-Harrison 403–408.
136. vgl. Scherer 679. König 561–567. Pfalz II. 289. Könnecke 276. Scherer II. 296. Gostwick-Harrison 435–438.
137. vgl. Scherer 655. König 569–573. Pfalz II. 286–287. Könnecke 263. Scherer II. 271. Gostwick-Harrison 412–415.
138. vgl. Scherer 661–664. König 633–640. Pfalz II. 297–298. Könnecke 286. Scherer II. 278–279. Gostwick-Harrison 451–455 (mit engl. Übersetzungen von „Ein Fichtenbaum steht einsam"; „Die Grenadiere", „Die Lorelei"). Hedge 502–528 (mit engl. Übersetzung von „Die Wallfahrt nach Kevlaar", aus „Reisebilder" und „Englische Fragmente"). Heines Haß gegen England spricht aus seinen „Englischen Fragmenten". Trotzdem verehren ihn die Engländer als einen der größten Dichter, ja Matthew Arnold sagt von Heine: *"Of all German authors who survived Goethe, incomparably the largest portion of Goethe's mantle fell on Heinrich Heine,"* und an einer andern Stelle sagt derselbe Kritiker: *"Heine is the most important successor and continuator of Goethe in Goethe's most important line of activity — the liberation of humanity."*

Alfred Edgar Bowring hat eine gute engl. Übersetzung von Heines Gedichten geliefert, und aus Lord Houghtons Feder stammt ein trefflicher Artikel über Heine in den *"Monographs, personal and social"* (1877).

Auch George Eliot hat einen prächtigen Artikel über Heine geschrieben (*"German Wit. Heinrich Heine,"* 1884), in welchem sie unter anderm sagt: " Before Heine's works are put within the reach of immature minds, there is need of a friendly penknife to exercise a strict censorship."

139. vgl. Scherer 660. König 552–555. Pfalz II. 289. Könnecke 274. Scherer II.

277. Gostwick-Harrison 448-451 (mit engl. Übersetzung von „Der Pilgrim von St. Just").
Longfellows Gedicht "*Remorse*" ist die Übersetzung eines Gedichts von Platen.
140. vgl. Scherer 637-638. König 523. Könnecke XXI. Scherer II. 253-255. Gostwick-Harrison 559-560.
141. vgl. Scherer 627, 631. König 754. Könnecke 271, 308, 310. Scherer II. 243, 247. Gostwick-Harrison 550.
142. vgl. Scherer 622. Könnecke 296. Scherer II. 236. Gostwick-Harrison 545-546.
143. vgl. Scherer 622-624. König 488. Könnecke 245. Scherer II. 238-241. Gostwick-Harrison 560.

"*On Liberty*", eins der besten Werke des englischen Philosophen John Stuart Mill verdankt seine Anregung, ja selbst einen großen Teil des Gedankengangs der Schrift Wilhelm von Humboldts „Über die Grenzen der Wirksamkeit des Staates". —

Der erste Band von Wilh. von Humboldts „Ästhetischen Versuchen" enthält unter anderem seine Studien und seine Kritik über Schillers „Spaziergang" sowie über Goethes „Hermann und Dorothea" und „Reineke Fuchs".

144. vgl. Scherer 670. König 772-273. Könnecke 245. Scherer II. 287. Gostwick-Harrison 556-557.
145. vgl. Gostwick-Harrison 544-563.
146. vgl. König 631-632. Pfalz II. 146. Könnecke 287. Gostwick-Harrison 459-460.
147. vgl. König 641-652. Pfalz II. 298. Könnecke 287. Gostwick-Harrison 503-504.
148. vgl. König 653-657. Pfalz II. 298. Könnecke 288. Gostwick-Harrison 504. Wie die jungdeutschen Dichter Gutzkow und Laube so verbindet Disraeli Beaconsfield, der Repräsentant des jungen England, in seinen Schriften Politik, Philosophie, Religion und aristokratische Tendenzen mit sozialen Interessen.
149. vgl. König 661-662. Pfalz II. 299. Könnecke 288. Gostwick-Harrison 509-510.
150. vgl. König 809-812. Pfalz II. 299. Könnecke 290. Gostwick-Harrison 517.
151. vgl. König 666-672. Pfalz II. 300. Könnecke XXIII. und 289. Gostwick-Harrison 505-506.
152. vgl. König 672-690. Pfalz II. 299-300. Könnecke 290. Gostwick-Harrison 506-509. vgl. auch Collection of German Authors Tauchnitz Edition: "*Ferdinand Freiligrath's Poems*".
153. vgl. Gostwick-Harrison 508.
154. vgl. König 595-603. Pfalz II. 291-292. Könnecke 278. Gostwick-Harrison 431-434.
155. vgl. König 608-609. Pfalz II. 293. Könnecke 280. Gostwick-Harrison 434.
156. vgl. König 603-608. Pfalz II. 292. Könnecke 279. Gostwick-Harrison 434-435.

Anmerkungen. [NOTES 157-184

157. vgl. König 610–611. Pfalz II. 288. Könnecke 280. Gostwick-Harrison 431.
158. vgl. König 774–778. Pfalz II. 293. Könnecke 297. Gostwick-Harrison 530–531.
159. vgl. König 773. Könnecke 269. Gostwick-Harrison 521.
160. vgl. König 778, 794. Pfalz II. 296. Könnecke 307. Gostwick-Harrison 531.
161. vgl. König 613–615. Pfalz II. 281–282. Könnecke 258. Gostwick-Harrison 352.
162. vgl. König 748–750, 823. Pfalz II. 303. Könnecke 294. Gostwick-Harrison 520.
163. vgl. König 823–824. Pfalz II. 302. Könnecke 301.
164. vgl. König 797–799. Pfalz II. 302. Könnecke 300.
165. vgl. Pfalz II. 296. Könnecke 297.
 vgl. Dr. Wilhelm Bernhardts amerikanische Ausgabe von Andersens „Bilderbuch ohne Bilder" mit Anmerkungen und Vokabularium; Boston 1891.
166. vgl. König 796.
 vgl. Dr. Wilhelm Bernhardts amerikanische Ausgabe von Storms „Immensee" mit Anmerkungen und Vokabularium; Boston 1891.
167. vgl. König 616–622. Könnecke 282. Gostwick-Harrison 419, 514.
168. vgl. König 622–623. Pfalz II. 294. Könnecke 282. Gostwick-Harrison 457.
169. vgl. König 623–626. Pfalz II. 294–295. Könnecke 283. Gostwick-Harrison 513 (mit engl. Übersetzung von „Der Postillon").
170. vgl. König 626–629. Pfalz II. 294. Könnecke 282. Gostwick-Harrison 511–512.
171. vgl. König 795–796. Pfalz II. 295. Könnecke 298. Gostwick-Harrison 514–515.
172. vgl. König 629. Könnecke 284. Gostwick-Harrison 515.
173. vgl. König 629. Könnecke 283 (mit Reproduktion des Originals von „Der tote Soldat"). Gostwick-Harrison 515 (mit engl. Übersetzung von „Hans Euler").
174. vgl. König 815. Könnecke 304. Gostwick-Harrison 510.
175. vgl. König 692–693. Könnecke 291. Gostwick-Harrison 514.
176. vgl. König 693–694. Könnecke 291. Gostwick-Harrison 514.
177. vgl. König 718–722. Pfalz II. 295. Könnecke 285. Gostwick-Harrison 514.
178. vgl. König 630. Könnecke 284. Gostwick-Harrison 515.
179. vgl. König 696–708. Pfalz II. 303. Könnecke 301. Gostwick-Harrison 510.
180. vgl. König 819. Könnecke 302. Gostwick-Harrison 520.
181. vgl. König 794–795, 813–814. Pfalz II. 304. Könnecke 302. Gostwick-Harrison 519.
182. vgl. König 757–761. Pfalz II. 304. Könnecke 301. Gostwick-Harrison 519, 538–539.
183. vgl. König 824–825.
 Die schönsten Erzählungen Baumbachs sind enthalten in Dr. Wilhelm Bernhardts amerikanischer Ausgabe „Im Zwielicht", 2 Bände mit Anmerkungen und Vokabularium, Boston 1888–1889.
184. vgl. König 790–793. Könnecke 306. Gostwick-Harrison 519, 539.

Eine amerikanische Ausgabe von „L'Arrabbiata" mit Anmerkungen und Vokabularium von Dr. Wilhelm Bernhardt ist 1892 in Boston erschienen.
185. vgl. König 787–790. Könnecke 307. Gostwick-Harrison 537.
186. vgl. König 752–753. Pfalz II. 288. Könnecke 299. Gostwick-Harrison 537.
187. vgl. König 745–747, 755–757. Pfalz II. 303–304. Könnecke 306. Gostwick-Harrison 532–533.
188. vgl. König 786–787. Könnecke 300. Gostwick-Harrison 537–538.
189. vgl. König 768–770. Könnecke 307.
190. vgl. König 765–768. Könnecke 307.
191. vgl. König 779–780. Gostwick-Harrison 534.
192. vgl. König 780. Könnecke 299. Gostwick-Harrison 533.
193. vgl. König 737. Pfalz II. 305. Könnecke 306. Gostwick-Harrison 520.
194. vgl. Könnecke 306.
195. vgl. König 815.
196. vgl. König 631. Gostwick-Harrison 548.
197. vgl. König 536. Könnecke 210. Gostwick-Harrison 411.
198. vgl. König 816. Gostwick-Harrison 527.
199. vgl. König 821.
200. vgl. König 816.
201. vgl. König 821. Gostwick-Harrison 527.
202. vgl. König 816–818. Könnecke 293. Gostwick-Harrison 527.
203. vgl. König 743–744.
204. vgl. König 801. Gostwick-Harrison 357.
205. vgl. König 801–804. Könnecke 298. Gostwick-Harrison 540.
206. vgl. König 804–805. Gostwick-Harrison 540.
207. vgl. König 806–807. Gostwick-Harrison 540.
208. vgl. König 806.
209. vgl. König 806.
210. vgl. König 808. Könnecke 298. Gostwick-Harrison 540.
211. vgl. König 808–809. Könnecke 281. Gostwick-Harrison 541.
212. vgl. König 807.